秦漢時代における皇帝と社会

福島大我［著］
Taiga Fukushima

専修大学出版局

目次

第五章　賜与・賑恤政策からみた漢代の皇帝権力……139

付図表

緒論　問題の所在

本書では、中国古代において出現した統一国家と、その頂点に君臨した皇帝権力の正当性（legitimacy）[1]の問題についての考察を行う。

国家はいうまでもなく歴史的産物である。それは個人や社会が存続する上での有用な「道具」としての側面がある一方、その強力な権能によって多くの個人や社会を蹂躙してきた。

国家による支配は、無条件に、無前提に許容されるべきものではない。我々の上に覆いかぶさっている国家とは何者なのか、何ゆえその支配は正当性を付与されるのか、そしてその歴史的な役割は那辺にあるのかということを、常に問い直すことは、個人や社会のより良い存続をはかるうえで必要不可欠であろう。

屈託なく国家へ自己を同一化することに耽溺する思潮が横行し、露骨に国家への帰属意識を強要する政府や地方自治体の首長が出現する現在の日本の社会においても、いかに国家と対峙するかということは、特に重要な意義をもつ。

それは、アジア・太平洋戦争への反省から出発した「戦後歴史学」において、中国古代史研究が国家を一貫して課題としてきたことともかかわる。

アジア的停滞論批判、人類の発展史、時代区分論などを展開して、戦後歴史学をリードしてきたのは西嶋定生氏であった。一九四〇年代末期の西嶋氏の研究では、中国古代における奴隷・奴隷制・奴隷制社会の発見に心血が注がれた。そこで発見されたのは、古代ギリシア・ローマの労働奴隷制とは異なった型の奴隷制、すなわち家父長的家内奴隷制であった。[2] 西嶋氏はこの奴隷制こそが中国的、ないしはアジア的な奴隷制であり、その奴隷制社会の存続する時代をもって、中国における古代社会の存在と認定した。そこにおける国家は、家父長である奴隷主階級の奴隷を支配するための「道具」として位置づけられることになる。

しかしこの見解は、実証面とともに、理論面においても多くの批判を巻き起こすことになる。一九五〇年代に入り、濱口重國氏によってなされた、中国社会における基本的な階級関係は皇帝と小農民とにあり、奴隷制が社会を規定する階級関係ではないという批判は、中国の特殊性をどのように世界史として理解するのかという大きな論点を提起していた。[3] これ以降、小農民が中国社会に広範囲に存在するという事実こそが、中国史の特質を明らかにする鍵となった。小農民の経済的な存立基盤、小農民とそれを構成員として成立している社会（集落）との関係が議論されることになる。

六〇年代には、西嶋氏は、こうした批判に応えるかたちで二十等爵制論を展開し、爵を賜与する皇帝と賜与される小農民との間に爵制的秩序が形成されたとして、その関係を中国古代における基本的な階級関係として捉えなおした。[4] しかし増淵龍夫氏は、この議論が身動きできない固定的な権力構造論であり、この構造論では、中国社会は次の段階への変革の過程を見出すことができず、西嶋氏の爵制論は新たなアジア的停滞論に陥ってしまったとする厳しい批判を浴びせた[5]。西嶋氏はこれに対しても、集落内に存在していた旧来からの秩序（年功序列的秩序）と国家秩序を形成する民爵賜与（年配者ほど高い民爵を得る）とが矛盾なく出現する集落（里）という場を設定することによって、皇帝と小農民との関係を追究するという新たな論点を提出して対抗することになる[6]。

増淵氏は、西嶋氏の構造論を批判すると同時に、国家権力を支える社会の存在という観点から、社会内部の秩序の存在（それは任侠的結合関係として展開されることになる）によって、国家権力の性格と社会の秩序との密接な関係を視点として提出した[7]。この権力構造論論争ともいうべき西嶋・増淵両氏の研究は、対立しながらも国家の特質を論ずるうえで、社会の内部構造の解明こそが重要であるという点で共通していることが注目される。もちろん社会の内部構造の解明には史料上の困難が伴うが、一九七〇年代までは、「戦後歴史学」としての中国古代史研究における中心の課題となっていた。

そのなかで、好並隆司氏の二重支配構造論（天子と皇帝の機能分化、皇帝と小農民との基本的階級関係、集落内部の貧富の差・階層差の併存）[8]、尾形勇氏の家族国家論（家と国家という異質な秩序の接点としての「起家」の発見）[9]、谷川道雄・川勝義雄両氏の共同体論（社会内の有力者を中心とした結合原理の国家への反抗論[10]、その共同体論への批判として提起された五井直弘・多田狷介・豊島静英・太田幸男諸氏のアジア的共同体論（専制国家を支える土台として共同体社会の存在）[11]は、集落、あるいは郷里とよばれる社会の内部構造についての解明に迫った代表的研究である。これらは、それぞれ大きく見解を異にしているとはいえ、いずれも国家と社会との関係に焦点を当てた研究であり、その後も検討されるべき論点であった。

しかしながら、一九七〇年代後半以降、社会主義国家における政治的実情の暴露や、資本主義社会における公害問題の頻発などが、人類は発展するものという観点への疑問を噴出させ、それらはまた歴史学界にも影響を与え、「世界史の基本法則」、および「戦後歴史学」に対する批判を活発化させていった。それと軌を一にするように中国古代国家論の研究は、すでに中国古代史研究の主流からは外れていたのであるが、ますます等閑視される状況となった。一九八〇年代に入ると、戦前から中国古代史研究における主流を形成していた、いわゆる「漢学的な」実証が、中国古代史のより強固な研究目的となり、またこのころより激増することになる出土資料（とりわけ秦簡・漢簡）の存在が、その研究目的をさらに強化させる傾向を将来させた。

しかし、そのような状況下の一九八〇年代においても、次のような諸研究が存在している。たとえば、国家と小農民の間に基本的階級関係を見出していた堀敏一氏は、非自立的な農業経営におかれていた小農民の再生産への国家による保護・介入に注目して、そこに古代中国における専制国家の存立基盤をみようとし[12]、渡辺信一郎氏は、小経営農民の生産そのものの具体的なあり方を追究し、国家の郷里社会への関与、小経営農民の国家への租賦納入の関係から、中国古代国家による小経営農民支配を国家的奴隷制としてとらえる見解を提起し[13]、また飯尾秀幸氏は、郷里社会に存在していた共同体における、その首長と成員との間の階級関係を基本的な関係として捉え、国家をその階級関係および共同体諸関係を維持する権力（第三権力）として位置づけた[14]。これらの研究には、一九六〇～七〇年代に展開された国家と社会との関係といった視点とともに、国家権力の正当性を問う論点が強調されている点に特徴がある。

先述したように、今日の日本における中国古代史研究の現状では、国家は何故存在するのかという発問は遠のき、はじめからそこにあるものとして考察される傾向が強い。しかし現代社会はどこへ進もうとしているのか、ますます混迷を深めている現状においては、何故歴史を学ぶのかという根源的な問いとともに、中国古代史研究において、いま一度、国家の問題に光が当てられるべきであると考える。

ここであらためて世界史上に数多く存在する国家のなかで、中国古代国家のもつ特質を簡単に振り返って、本書での問題関心を明らかにしておきたい。

中国において出現した国家は、同時代における他地域の国家と比較しても常に最大級の人口を把握し、ついにはヨーロッパに匹敵する面積を統治し、王朝交代というかたちで理念上その「正統」を継承し、消長はあるものの二〇世紀初頭に至るまで、そのアイデンティティを保ち続けた稀有な存在である。換言すれば、前近代の国家の中でも、支配という点で破格の成功を収めたといってよいのが中国の歴代王朝であろう。そして、その統合の核となるのが皇帝という制度であった。秦の始皇帝によって文字どおり始められ、その国家の頂点に位置し、百官と万民に君臨する存在とされた皇帝の果たした機能は、当然ながら無視することはできない。清の宣統帝の退位にいたるまで、中国の国家は絶えず皇帝を希求した。その継続性と求心力がいかなるメカニズムによって生成されてきたのかを分析することは、国家のあり方や本質に迫る上で重要である。

また、その分析においては、単に制度を取り上げて、それがいかに構想され展開したかという点のみを問題とすることは意味を持たない。支配の正当性を承認、あるいは容認するのは被支配者である一般民であり、彼らが構成する社会である。そこでは、中国に出現した統一国家がいかなる社会を前提としたものであったのかということが中心的な問題となってくる。そのため、本書では中国の統一国家の形成期における法や政策（それらは皇帝の詔勅によって実現化する）と社会との関係を取り上げ、その変遷をみることにより、皇帝制度の形成過程とその展開を、皇帝による支配の正当性という視角から探ることを試みる。

この国家支配の正当性という視点は、先の堀氏や飯尾氏などの論点のなかにも見出し得る。このうちとくに堀氏の、国家による小農民の再生産構造のための関与という視点は、本書でいう被支配者である一般民から国家に与えられた正当性として理解できる。堀氏の言う国家関与は、再分配、あるいは贈与のシステムとしての言い換えも可能となる。

贈与論は、モース『贈与論』[15]のなかで展開される北米先住民の間で確認されたポトラッチ、あるいはマリノフスキーによって見出されたトロブリアンド諸島のクラ交易[16]などがつとに著名である。もちろんこれら文化人類学の成果も参考にしつつ、これら贈与関係がいわば関係する諸社会間の水平的贈与であるのに対して、本書において問題にするのは、国家による富の再分配、あるいは国家による一般民への贈与という、いわば垂直的贈与である点を注意しておきたい。中国においても水平的贈与から垂直的贈与への転換がなされた時期があったと推測される。[17]その時期が国家の成立の問題とも深く関連するために重要であることは言を俟たない。しかし、本書が対象とする時代においては、すでに広域的な統合を志向する国家が成立しており、その国家によって行われる一般民への賑恤という富の再分配システムを垂直的贈与として捉えようとするものである。

本書の構成は以下の通りである。

まず、世界史における中国の顕著な特徴である「広さ」を問題とする。前三世紀後半の秦の統一以降、歴史上分裂期や王朝の交替はあったとしても、広大な領域には専制権力がくり返し出現した。そこでまずはその空間的な支配地域の形成過程とその変遷の問題を取り上げる。秦・前漢時代においては、専制権力の中心をなす「首都圏」の形成、統一とともに全国的に展開された郡県制、前漢初における郡県制の一時的制限としての郡国制の成立、そのなかでの郡県と封国（諸侯国）との関係、さらに郡国制から郡県制への実質的な統一といった専制権力の支配空間における変遷があった。

第一章「皇帝権力の戸口把握—逃亡規定からみた」では、戸籍などからの逃亡である「亡」に対する秦・前漢初期における規定を、出土資料の法律文書から分析し、郡県内での「亡」と、郡県から封国への「亡」との法的な差異に着目することによって、専制権力の国家支配の基盤の問題を検討する。

第二章「前漢代における「首都圏」の形成」では、前漢初期において専制権力の中心となる「首都圏」の形成過程を明らかにし、直轄統治の領域やそのありかたについて検討する。そこでは郡県制の意味、首都長安と「關中」、さらには郡県制と郡国制との関係（とりわけ「五關」の設置と位置づけ）などが問題となる。

第三章「前漢代における「首都圏」の展開」では、前章の考察を受けて、前漢中期から後期における、「首都圏」の変遷と直轄統治としての郡県制的支配の全国展開についての考察を行い、同じく郡県制支配をとった秦や、前漢前半期との相違を検討する。

以上の考察で明らかになった専制権力の支配空間の変遷における特質の問題と、その変遷の時代的画期とに関連して、次章以降では前漢時代を通じての専制権力における支配構造にあらわれる変化を検討する。空間的支配における変遷の画期と関係する支配構造における変化が、皇帝権力の正当性への変化といかなる関連があるのかを問題として設定する。

第四章「瑞祥からみた漢代の皇帝権力」では、皇帝権力の正当性をポジティブに表象する機能をもつものと考えられる瑞祥を取り上げる。儒家思想による整備・理論化の展開とともに、その変遷の画期をどこに求めるのかを追究し、そこから皇帝権力が理論的整備を完成させる時間的経緯を検討する。

第五章「賜与・賑恤政策からみた漢代の皇帝権力」では、前漢時代を通して皇帝によって行われた一般民への賜与と賑恤に関わる政策を検討する。この政策には時代的にどのような変遷があり、その変遷が示す専制権力における支配原理の変化を跡付け、皇帝支配の正当性についての理念的な変化の特質を明らかにする。

本書ではこれら諸章の考察を踏まえて、専制権力、皇帝支配の正当性の確立を明らかにすることを目的としている。あらかじめこの正当性についての見通しを述べるならば、皇帝から一般民への賜与や賑恤（これを贈与と捉えるのであるが）により、皇帝が独占した富を一般民に再分配することによって、皇帝支配はその正当性を一般民から与えられることになる。その場合、一般民の国家（皇帝）への租・賦の納入は反対贈与として考え得る。すなわち、その納入された租・賦（という富）が、再び贈与というかたちをとって一般民に再分配されるという構造となる。その構造は、秦漢時代以前より形成されていたものと思われるが、その構造には変化が存在していた。その変化がもっている意味と時期とに本書では注目することになる。また、皇帝支配の正当性は、支配領域の広さとも関連している。前漢を通じた直轄支配の及ぶ地理的・空間的範囲の変遷・拡大に関して、秦の始皇帝が成立させた一元的な郡県制支配とその死後にそれが崩壊するという現象と、前漢における郡国制から郡県制的支配への移行にみえる武帝の役割とその死後の前漢後半期に郡県制的支配が完成するという現象との相違は、始皇帝・武帝といった傑出した人格に頼らなくても支配が可能となる制度としての皇帝の確立が、秦代にはなく、前漢後半期になって行われたことを象徴している。

こうした前漢後半期の皇帝権力の制度的確立に関して、内朝の自立化や外戚の専権、儒家思想の普及によって皇帝権力が相対化・弱体化していくという、それまでの通説的理解[18]に対して、内朝や外戚の台頭や儒家礼制の受容は、むしろ皇帝権力の絶対化への指向の一側面であるという指摘が一九八〇年代以降提出されている。[19]本書はこれらの見解に強い親近感をもつものである。すなわち前漢後半期において、方士的・法家的思想をはじめとする諸子の思想をも収斂して理論化されることになる儒家思想の変遷と、その国家の学問としての成立は、本書で追究する皇帝支配の正当性の変遷（人格的な統治から脱却し、制度としての皇帝支配が確立する歴史的過程）を裏づけるものとして位置づけられよう。

注

1　legitimacy（legitimität）は周知のとおり、マックス・ウェーバーの支配論における用語であり、「正統性」との訳語も用いられるが、上からの一方的・強制的な支配ではなく、その支配がいかように正当化されていたかという本書の問題意識を反映させ、また血統などの正統との混同を避けるため、この語の訳語として正当性を用いる。柳父圀近「マックス・ウェーバーにおける Legitimitätsglaube の意味」（二〇〇六初出、のち『政治と宗教』創文社、二〇一〇所収）、水林彪「支配の Legitimität」概念再考」（『思想』九九五-三、二〇〇七）、長山恵一「ヴェーバーの支配の正当性論の再考（一）諸家の議論の整理を通して」（『現代福祉研究』一四、二〇一四）など参照。

2 西嶋定生「古代国家の権力構造」（一九五〇初出、のち『中国古代国家と東アジア世界』東京大学出版会、一九八三所収）。

3 濱口重國「中国史上の古代社会問題に関する覚書」（一九五三初出、のち『唐王朝の賤人制度』東洋史研究会、一九六七所収）。

4 西嶋定生『中国古代帝国の形成と構造』（東京大学出版会、一九六一）。

5 増淵龍夫『中国古代の社会と国家』（弘文堂、一九六〇、のち『新版 中国古代の社会と国家』岩波書店、一九九六）。

6 注4参照。

7 注5参照。

8 好並隆司『秦漢帝国史研究』（未来社、一九七八）。

9 尾形勇『中国古代の「家」と国家』（岩波書店、一九七九）。

10 谷川道雄『中国中世社会と共同体』（国書刊行会、一九七六）。

11 五井直弘「中国古代史と共同体」（一九七一初出、のち『中国古代の城郭都市と地域支配』名著刊行会、二〇〇二所収）、多田狷介「中国古代史研究覚書」（一九七一初出、のち『漢魏晋史の研究』汲古書院、一九九九所収）、豊島静英「中国古代における『アジア的生産様式』」（『歴史評論』二六六、一九七二）、同『中国における国家の起源—国家発生史上のアジアの道』（汲古書院、一九九九）、太田幸男「商鞅変法の再検討」（一九七五初出、のち『中国古代国家形成史論』汲古書院、二〇〇七所収）など参照。

12 堀敏一「中国の律令制と農民支配」（一九七八初出、のち『律令制と東アジア世界—私の中国史学 二』汲古書院、一九九四所収）。

13 渡辺信一郎「古代中国における小農民経営の形成—古代国家形成論の前進のために」（一九七八初出、のち『中国古代社会論』青木書店、一九八六所収）。

14 飯尾秀幸「中国古代における国家と共同体」（『歴史学研究』五四七、一九八五）、同「中国古代における個と共同性の展開」（『歴史学研究』七二九、一九九九）。

15 マルセル・モース（森山工訳）『贈与論 他二篇（岩波文庫）』（岩波書店、二〇一四）。

16 ブロニスワフ・マリノフスキー（泉靖一編訳）『西太平洋の遠洋航海者』（『世界の名著 五九 マリノフスキー／レヴィ＝ストロース』中央公論社、一九六七所収）。

17 ピエール・クラストル（渡辺公三訳）『国家に抗する社会』（水声社、一九八九）。

18 労榦「論漢代的内朝与外朝」（『労榦学術論文集甲編 上』芸文印書館、一九七六所収）や、西嶋定生「武帝の死―『塩鉄論』の政治史的背景」（一九六五初出、『中国古代国家と東アジア世界』東京大学出版会、一九八三所収）など。また、好並隆司『前漢政治史研究』（研文出版、二〇〇四）所収の諸論考も通説的な立場の堅持をはかる。

19 冨田健之「前漢武帝期以降における政治構造の一考察―いわゆる内朝の理解をめぐって」（『九州大学東洋史論集』九、一九八一）を嚆矢とした、内朝と外朝をめぐる継続的な議論や、藤田高夫「前漢後半期の外戚と官僚機構」（『東洋史研究』四八-四、一九九〇）、保科季子「前漢後半期における儒家礼制の受容」（『歴史と方法 三 方法としての丸山眞男』青木書店、一九九八）など。

第一章　皇帝権力の戸口把握─逃亡規定からみた

はじめに

筆者はさきに、中国に成立した統一国家、あるいはその頂点に君臨した皇帝権力がいかにその統治の正当性を得ていたか、そして社会の変容に対していかなる対応をはかったかという問題について考察を行った[1]。本章では視点を変えて、おそらくは広範に存在した、国家によって把握され得ない「編戸斉民」外の存在を、国家の正当性を消極的あるいは積極的に否定するものと考え、彼らに光を当てることにより、国家の正当性について考えることを試みる。

その素材として、中国最初の統一国家である秦と、それを承けた漢が右記のような人びとに対してどのような関心をむけていたのかを、主に秦や漢初の出土文書を分析することにより検討し、当該期の国家と社会の様相を探り、また中国古代における国家からの逃亡を考えるうえでいくつかの見通しを述べたい。

前近代においては、人口と国力には密接な関係があり、中国の王朝でも戸口の維持増加に大きな関心を払っていた。しかし、当然ながら全ての戸口が国家によって把握されていたわけではない。国家によって把握されない人びと、およびそこから逃亡する人びとの動向に光を当てることは、国家による戸口把握について新たな知見を提供することにつながることが期待できる。本章ではこのうち、逃亡の問題を主題とする。

国家からの逃亡に関する先行研究は豊富とはいえない。亡人（亡命）については後述の保科季子氏も指摘するように、七科謫との関連で触れられてきた[2]。また、郷里の父老子弟関係から逸脱した悪少年や任侠については名籍をもたないものという理解が多い。任侠的習俗に関しては増淵龍夫氏を嚆矢とする研究蓄積があるが[3]、悪少年や任侠の供給源でもあり、彼らが文献史料に現れる前段階ともいえる戸籍制度上の逃亡者に対し、国家がどのような視線をむけていたのかについては、問題関心のちがいと史料上の制約から、十分には論じられていなかったように思われる。

しかし、一九七〇年代から現在まで陸続と発掘・公開されている出土文字資料により[4]、国家（戸籍）からの逃亡者について、伝世文献ではみえなかった状況についての知見が得られるようになってきており、いくつかの論考が行われている。まず、飯島和俊氏は『奏讞書』を用いて、楚時の亡人の自占などについて検討している[5]。また、保科季子氏は『二年律令』などの分析から、漢代までにみえる亡命の「命」は罪名確定の意であるため、亡命の語は犯罪者（罪名確定）の亡人の意であるとして、従来の理解である名籍を失うという理解に疑問を呈する[6]。水間大輔氏は逃亡者を匿まった際の量刑などについて整理する[7]。池田雄一氏は日書について「民間にあって庶民の手によって醸成された自律的規範」とし、その占文にみえる亡や盜の語と、律令にみえるそれらとのズレについて検討を加える。[8]

また、張功氏の『秦漢逃亡犯罪研究』は逃亡についての専著であり、時代を下るにつれて、個人から宗族、さらには集落全体へと逃亡規模が拡大する点を指摘し、国家によって行われる勧農・救貧政策（や賜爵）の主眼を亡人の防止に置いている。[9] これは、国家の農民支配という視点からみた場合における、ひとつの論点ではあるが、亡人という現象を国家の正当性にかかわる問題としてとらえることにより、異なった解釈を提出することも可能であると考えられる。また、張書は『睡虎地秦簡』を主に用いており、『張家山漢簡』の『奏讞書』や『二年律令』の分析が少ないことも問題となろう。

そこで、本章においては主に『二年律令』を用いて逃亡の分類を行うことにより、まずは国家が逃亡者に対していかなる論理でもって対峙していたかを探り、また民の把握という点で国家がいかにして統治の正当性を確保していたかということについても考えてみたい。次節から順にみてみよう。

一　吏・民の逃亡

まず、官吏と有爵者も含む一般民の逃亡についての規定として亡律（一五七）に

吏・民亡、盈卒歲、耐。不盈卒歲、毄（繫）城旦舂。公士・公士妻以上作官府、皆償亡日。其自出殹（也）、笞五十。給逋事、皆籍亡日、軵數盈卒歲而得、亦耐之。

表1　亡律（157）にみる逃亡規定

	一年未満	満一年以上	自　出	逋　事
無爵者	繋城旦舂　償亡日	耐（司寇）	笞五十	籍亡日
有爵者	作官府　償亡日			

吏・民が満一年（以上）逃亡した場合は、（無期の労役を伴う）耐とする。一年未満ならば（有期刑である）繋城旦舂とする。公士・公士の妻以上（有爵者とその妻）は官府で労役し、いずれも逃亡した日数と同じ期間を、城旦舂として、あるいは官府で労役することにより償わせる。逃亡しても自ら出頭した場合は、笞打つこと五十とする。（逃亡中に傜役徴発があって出頭期限に間に合わず）傜役逃れがあった場合は、それを逃亡日数に加えて記録し、それを加算した総日数が満一年（以上）になって捕らえられた場合も、耐とする。

とある。耐については具律（九〇）に

有罪當耐、其灋不名耐者、庶人以上耐爲司寇、司寇耐爲隷臣妾。……

罪を犯しその量刑が耐となる者で、該当する条文には（耐とのみあって）耐にともなう労役刑の規定がない場合、庶人以上は耐司寇とし、司寇は耐隷臣妾とする。……

とあるように、「庶人以上」であれば、その労役刑は司寇となる。そのため、満一年以上の逃亡では無期刑である耐司寇とされ、一年未満の逃亡では爵の有無で労役内容は異なるが、いずれも逃亡日数分の労役で償う有期刑とされる。さらに、自ら官に出頭した場合は笞五十へ減刑された。なお、後述するが、女性の場合、満一年以上の逃亡でも具律（八八～八九）にみえる減刑規定（「女子……當耐者贖耐」）により贖耐となる。[10] 以上の条文から逃亡における一般規定がわかるが、その量刑のちがいについて作表すると（表1）となる。

逃亡犯に対する司法手続きについて、秦代においては『睡虎地秦簡』封診式（一三～一四）の

覆　敢告某縣主。男子某辭曰「士五（伍）、居某縣某里、去亡」。可定名・事・里、所坐論云可（何）、可（何）罪赦、／【或】覆問毋（無）有、幾籍亡、亡及逋事各幾可（何）日、遣識者當騰、騰皆爲報、敢告主。

覆　謹んで某県主に報告する。男子某は「私は士伍であり、某県某里に居住していたが、逃亡した」と供述した。そこで名・事・里、いままで犯した罪、赦免された罪、覆問の有無、逃亡の記録の回数、[11]亡事および逋事の日数を確定した。某を知る者に写しを確認させ、いずれも回答させる。謹んで県主に報告する。

および、同（九六～九八）の

亡自出　鄉某爰書。男子甲自詣、辭曰「士五（伍）、居某里、以迺二月不識日去亡、毋（無）它坐、今來自出」。●問之／□名事定、以二月丙子將陽亡、三月中逋築宮廿日、四年三月丁未籍一亡五月十日、毋（無）它坐、莫／覆問。以甲獻典乙相診、今令乙將之詣論、敢言之。

亡自出　鄉某の爰書。男子甲が自ら出頭して「私は士伍で、某里に居住し、二月の何日かは分からないが逃亡した。ほかには犯した罪はない。いま自ら出頭した」と供述した。●訊問により、□名と事は確定した。二月丙子に放蕩によって逃亡した。三月中の築宮の徭役は二十日間の逋となっている。四年三月丁未の籍には逃亡一回、五か月と十日間と記録されている。他に犯した罪はない。再度の訊問はなく、甲を里典乙のところに送り診問させ、いま乙に甲を連れて出頭させて論断させる。謹んで報告する。

を挙げることができる。いずれも人物の照会とともに、亡律（一五七）の規定にあるように亡日や「逋」の

期間について注意を払っている。徭役逃れのひとつである逋については後述するが、『史記』秦始皇本紀にも

(始皇)三十三年〔前二一四〕、以前に逋・亡した人・贅婿・賈人らを徴発して陸梁の地を略取し、桂林郡・象郡・南海郡を置き、適(讁)民に戍せしめた。

とあり、個人の逋・亡については記録が残されていて、兵役に際してそれらの者を選んで徴発する場合があったことがわかる。

また、逃亡後に空白となる戸に関する措置については、『二年律令』残簡(X一)の条文が参考となる。『小組版』では戸律(三一八)の上部に貼りついており、釈文も判然としなかったこの簡について『赤外線版』は、

亡盈(?)卒歳不得以庶人律代戸□□□□

と釈す。筆者も参加した「専大訳注(一四)」では『赤外線版』を検討したうえで補訂を行い、この条については、

亡卒歳を盈つれば庶人律を以てするを得ず。代戸□□□□

逃亡者が一年以上逃亡した場合は、庶人律を適用できない。代戸……

と訓読・訳出している。しかし、ここは

亡ぐること卒歳を盈つるも得(とら)えざれば、庶人律を以て代戸□□□□

逃亡期間が満一年(以上)となっても捕らえられなければ、庶人律を適用して代戸……

として、（戸主の）逃亡期間が一年以上となった場合は、「庶人律」を適用して代戸する云々との解釈が可能である。[12]「庶人律」については、置後律（三八二～三八三）

死毋後而有奴婢者、免奴婢以爲庶人、以庶人律予之其主田宅及餘財。奴婢多、代戸者毋過一人、先用勞久・有／▨□子若主所言吏者。

（戸主が）死亡して後継者はいないが奴婢のいる場合は、奴婢を解放して庶人とし、庶人律に従って奴婢にその主の田宅および余財を分与する。奴婢が多くいる場合は、戸を相続する者は一人に限り、主に長く仕えていた者・有……□子、もしくは主が吏に相続者として指名していた者を優先する。

にみえる。戸主の死後に後継者が不在の戸があった場合、奴婢が解放されて庶人となり、もとの主人の田宅などを継承することができ、その際にも「庶人律」が適用される。この条と同様に、残簡（X一）でも満一年以上の逃亡により空白となる戸に対する措置として、国家による戸の維持（と税役負担者の確保）への意識、あるいは郷里社会内部の秩序維持へのそれをうかがうことができるのではなかろうか。

なお、盗律（六五～六六）に

羣盜及亡從羣盜、毆折人枳（肢）、胅體、及令彼（跛）蹇（蹇）、若縛守將人而强盜之、……皆磔。

群盗および逃亡して群盗に従った者が、人の足を叩いて折る、関節をはずす、および足に障害を残し曲がらないようにさせる、もしくは人を縛って移し強盗した場合、……これらはいずれも磔とする。

とあり、逃亡者が群盗に合流して不法行為を行った場合に死罪となる点は、国家の関心のありかたを考える上で注目すべきである。後に検討したい。

二　刑徒の逃亡、女子の再逃亡

次に、刑徒「身分」となった者が逃亡した場合と、合わせて条文に記載される女子の再逃亡についてみていく。亡律（一五八）に

女子已坐亡贖耐、後復亡當贖耐者、耐以爲隷妾。司寇・隱官坐亡罪隷臣以上、輸作所官。

女子ですでに逃亡の罪により贖耐とされた者が再び逃亡して、その罪が同じ贖耐に相当する場合は、耐隷妾とする。司寇・隱官が逃亡の罪に問われ、それが隷臣以上に相当する場合は、官府に遷し労役に服させる。

同（一六五）に

隷臣妾・收人亡、盈卒歲、毄（繫）城旦舂六歲。不盈卒歲、毄（繫）三歲。自出殹（也）、笞百。其去毄（繫）三歲亡、毄（繫）六歲。去毄（繫）六歲亡、完爲城旦舂。

隷臣妾・收人が逃亡して満一年（以上）になった場合は、繫城旦舂六歳とする。逃亡期間が一年未満の場合は、繫城旦舂三歳とする。自ら出頭した場合は、笞百。繫城旦舂三歳の途中で再び逃亡した場合は、繫城旦舂六歳とする。繫城旦舂六歳の途中で再び逃亡した場合は、完城旦舂とする。

同（一六四）に

城旦舂亡、黥復城旦舂。鬼薪白粲也、皆笞百。

城旦舂が逃亡した場合は、黥して再び城旦舂とする。鬼薪白粲が逃亡した場合は、いずれも笞打つこと百とする。

とある。

まず、女性は一年以上の逃亡によって男性ならば耐罪に相当するところ、先述したように減刑規定により贖耐となるため、刑徒「身分」とはならない。その者がさらに逃亡（一年以上）して贖耐に相当した場合に、はじめて耐隷妾となる。司寇・隱官（の男性）が逃亡（一年以上）して隷臣以上の罪に相当した場合は「輸作所官」となる。[13] また、前掲具律（九〇）に「有罪當耐、其灋不名耐者……司寇耐爲隸臣妾。……」とあることと比べると、ここの刑罰が耐隷臣ではなく「輸作所官」となるのは逃亡罪ゆえの区別と思われる。

次に、隷臣妾・收人が逃亡した場合、一年未満ならば繫城旦春三歳となり、一年以上ならば繫城旦春六歳となる。彼らが自ら出頭した場合は、庶人以上の場合の倍となる「笞百」となる。また、繫城旦春三歳の間に逃亡した場合、さらに繫城旦春六歳となり、繫城旦春六歳の間に逃亡した場合、完城旦春となる。なお、『睡虎地秦簡』法律答問（一三二）では

隸臣妾毄（繫）城旦舂、去亡、已奔、未論而自出、當治（笞）五十、備毄（繫）日。

隷臣妾が再犯により加刑されて繫城旦春となっている期間に逃亡し、まだ論罪されていないときに自首した場合は、笞五十とし、城旦春としての労役の不足分の日数を科す。

とあり、繫城旦春の期間に逃亡して自出した場合は「笞五十」となっている。

また（完）城旦春が逃亡した場合、黥城旦春となり、鬼薪白粲の場合は、「笞百」となる。両者とも「盈卒歳」という規定がみえないため、期間にかかわりなく黥・笞を受けるか。また、亡律（一六四）の「専大訳注（四）」注①が指摘するように、一般人が一年以上逃亡した場合の処罰規定は耐罪であり（前掲亡律一

表2　一般民・刑徒の逃亡規定

逃亡者	逃亡状況		量刑		簡
公士・公士妻以上（有爵者）	亡	不盈卒歳	作官府償亡日	自出、笞五十	157
		盈卒歳	耐司寇？		
吏・民（無爵者）	亡	不盈卒歳	繫城旦舂償亡日		
		盈卒歳	耐司寇（女子は贖耐）		
女子（已坐亡贖耐）	後復亡當贖耐		耐隷妾		158
司寇・隱官	坐亡罪隷臣以上		輸作所官		
隷臣妾・收人	亡	不盈卒歳	繫城旦舂三歳	自出、笞百	165
		盈卒歳	繫城旦舂六歳		
	去繫三歳亡		繫城旦舂六歳	自出、笞五十（法律答問 132）	
	去繫六歳亡		完爲城旦舂		
鬼薪白粲	亡		笞百		164
城旦舂	亡		黥復城旦舂		

五七簡）、具律（一一一）「城旦舂・鬼新（薪）白粲有罪罨（遷）耐以上而當刑復城旦舂……（城旦舂・鬼薪白粲に服役するものがさらに遷・耐以上の罪を犯したために刑復城旦舂に当てられた場合、……）」にみえる城旦舂の再犯規定と、この条は合致する。[14] ただし、鬼薪白粲の逃亡の場合は「刑復城旦舂」とはならず「笞百」となり、具律と亡律とで齟齬がみられる。さきにみた司寇の場合の如く、他の犯罪と逃亡とは扱いが異なるのか。このことの意味はのちに考えたいが、一般規定よりも逃亡罪への罰則のほうが低く設定されていることは注目されるべきである。本項にみえる規定に、さきにみた一般人逃亡規定をあわせて作表すると（表2）となる。

三　私奴婢の逃亡

ここでは、さきにみた一般人や刑徒と異なり、私

人の「財産」として扱われる私奴婢の逃亡についてみていく。亡律（一五九）に

□□頯畀主。其自出殹（也）、若自歸主、主親所智（知）、皆笞百。

……頯に（黥して）主人に戻す。逃亡していた奴婢が自ら出頭するか、自ら主人のもとや、主人の血縁者や知人のもとに帰ってきた場合は、いずれも笞打つこと百とする。

同（一六〇）に

奴婢亡、自歸主、主親所智（知）、及主・主父母・子若同居求自得之、其當論畀主、而欲勿詣吏論者、皆許之。

逃亡した奴婢が、自ら主人のもとや、主人の血縁者や知人のもとに帰ってきた場合、または主人・主人の父母・主人の子あるいは同居の者が、自ら捜索して逃亡していた奴婢を捕らえた場合で、その逃亡の罪に対して奴婢を主人に戻すという規定が適用されるとき、そして、その奴婢の主人がその罪に対する論断を官側に求めようとしないときは、いずれもこれを許す。

同（一六二～一六三）に

奴婢爲善而主欲免者、許之。奴命曰私屬、婢爲庶人、皆復使及筭（算）、事之如奴婢。主死若有罪、／以私屬爲庶人、刑者以爲隱官。所免不善、身免者得復入奴婢之。其亡・有它罪、以奴婢律論之。

奴婢の行ないが善く主人が奴婢身分からの解放を望む場合は、これを許す。奴は私屬とし、婢は庶人とし、いずれも彼らへの使役（力役・兵役）と算賦を免除し、主人は今まで同様に奴婢のように使うことができる。主人が死亡したり罪を犯した場合は、私屬を庶人とし、肉刑を施されていた者は隱官とする。奴婢身分から解放しても、行いが善くなくなった場

合は、奴婢から解放した主人が再び奴婢として所有することができる。（奴婢身分から解放された後、）逃亡した者・逃亡以外の罪を犯した者は、奴婢に関する律を適用して論断する。

とある。

亡律（一五九）は、上部の欠損はあるが、私奴婢が逃亡した場合、おそらくは黥顔頯畀主となる。これは、具律（一二二～一二四）の規定

人奴婢有刑城旦舂以下至䙴（遷）・耐罪、黥䫌（顏）頯畀主。其有贖罪以下、及老小不當刑、刑盡者、皆笞百。刑盡而賊傷人、及殺人、先自告也、棄市。有罪／當完城旦舂・鬼新（薪）白粲以上而亡、以其罪命之。耐隸臣妾罪以下、論令出會之、其以亡爲罪。當完城旦舂・鬼新（薪）白粲以上不得者、亦以其罪／論命之。……

私奴婢で刑城旦舂から遷・耐罪までの刑罰に相当する罪を犯した場合、頬に黥してその主人にかえす。私奴婢で贖罪以下の刑罰に相当する罪を犯した場合、私奴婢で罪を犯しても老年・年少のため罪を問われない場合、私奴婢で肉刑以上の罪を犯したが肉刑がすべて施し尽くされた場合、これらは全て笞打つこと百とする。しかし私奴婢で肉刑がすべて施し尽くされた場合でも、人を故意に傷つけたり、故意ではないが人を殺したときは、自首したとしても、棄市とする。

とも合致している（後半の訳文は後述）。なお、「自出」したり、自ら主人のもとや「主親所智」に帰った場合は、笞百となる。これは、前掲亡律（一六五）にみえる隸臣妾・収人の「自出」と同じ量刑である。また、奴婢が自ら主人のもとや「主親所智」に帰った場合や、主人や親族らが捕らえて「論畀主」にあたる場合、主人が望めば刑が免除される。このことについて「専大訳注（四）」亡律（一六〇）の注③では、「この場合

表3　私奴婢の逃亡規定

逃亡した私奴婢の回収状況	量刑	簡
(縣官・他人が捕らえる)	黥顔頯畀主	159
(縣官に) 自出 自歸主・主親所智	笞百	159
自歸主・主親所智 主・主父母・子若同居求自得之	其當論畀主、而欲勿詣吏論→許之 (黥顔頯からの減刑)	160

に限り、私奴婢への国家による刑罰規定を主人の奴婢所有権が上回ったといえよう。」とする。以上の内容から作表すると（表3）となる。

なお、逃亡した私奴婢を捕らえた場合の購（褒賞）については、亡律（一六一）に

□主入購縣官。其主不欲取者、入奴婢縣官、縣官購之。

……（奴婢の）主人は（逃亡していた奴婢を捕らえた者へ県官を通じて主人が渡すことになる）褒賞金を県官に支払う。主人が逃亡していた奴婢を引き続き所有することを望まず、その奴婢を官奴婢として県官（国家）に差し出す場合は、県官が（逃亡していた奴婢を捕らえた者に）褒賞金を与える。

とある。私奴婢を捕らえた者に対しては、奴婢の主人が褒賞金を負担した。主人が望まなければ、奴婢は官奴婢となり、国家が褒賞金を支払った。ここの「専大訳注（四）」の注②では『秦簡』法律答問（一四一）「或捕告人奴妾盜百一十錢、問主購之且公購。公購之之（ある人が一一〇銭を盗んだ私奴婢を捕告した、主人が褒賞金を払うのか、国家が褒賞金を払うのか。国家が褒賞金を払う）」を引き「……主人が負担するのか、それとも公かという問いに、公が負担する旨の答えが返されている（盗の故か）。この問答の存在は私奴婢に関して、主人が褒賞金を負担することがあったことを暗示している。ここでは、逃亡した奴婢を捕らえた者には、主人が

奴婢の所有権を主張する限りは、褒賞金は主人が負担し（主人に私奴婢逃亡の監督責任がある故か）、その受け渡しは、県官（国家）が実行する。しかし、主人がその所有権を放棄して国家に奴婢を差し出す場合は、褒賞金は国家が負担することになる」とする。褒賞金の主人負担は「主人に私奴婢逃亡の監督責任がある」とともに、主人の「財産」であるが故にこうした手続きが行われたと考え得る。

また、奴婢身分から解放されて私属や庶人となった者が、逃亡も含めて罪を犯した場合は、一般人の規定ではなく、前掲亡律（一五九）、（一六〇）や前掲具律（一二二～一二四）のような奴婢に対する規定が適用された。

四　犯罪者の逃亡

なんらかの罪を犯した者が逃亡した場合の規程には、前掲具律（一二二～一二四）に

……有罪／當完城旦舂・鬼新（薪）白粲以上而亡、以其罪命之。耐隸臣妾罪以下、論令出會之、其以亡爲罪。當完城旦舂・鬼新（薪）白粲以上不得者、亦以其罪／論命之。……

罪を犯し、それが完城旦舂・鬼薪白粲以上の罪に該当する場合で逃亡した者は、その罪として罪名を確定する。耐隷臣妾以下の罪に該当する場合で逃亡した者は、論断する際に會（期限）までに出頭させ、期限を過ぎた場合は、逃亡の罪で論断する。（罪を犯し、）完城旦舂、鬼薪白粲以上の罪に該当する場合で逃亡した者が、まだ捕らえられていない場合でも、その罪で論断し罪名を確定する。

とある。完城旦舂・鬼薪白粲以上の刑罰に該当する罪を犯して、逃亡した者はその（完城旦舂や鬼薪白粲、さらには肉刑や死刑の）罪として「命（罪名確定）」される。耐隷臣妾以下の刑罰に該当する罪の場合は論断する際に會（期限）までに出頭させ、期限を過ぎた場合逃亡の罪として論断される。完城旦舂・鬼薪白粲以上の刑に該当して捕らえられていない者も、またその（完城旦舂や鬼薪白粲、さらには肉刑や死刑の）罪として「論命」される。といった三つの場合の規定として考えられるこの条は、犯罪者の逃亡に関するものと思われる規定と、さきにみた奴婢などに関する規定が併記されるうえ、当該部分については先行研究においても理解が一致しない。「専大訳注（三）」では条文にみえる完城旦舂・鬼薪白粲や耐隷臣妾について「服役している者」とする。しかし、その場合さきにみた刑徒の逃亡規定と重複するため、ここではその刑に該当する罪を犯した者と解釈した。それでも、完城旦舂・鬼薪白粲以上の亡と不得の違いや、耐隷臣妾以下の「論令出會之」など、なお不明な点は残る。保科季子氏はこの問題について「「命」とは「令」同様、「論」（刑の量定）の後にある司法手續きであり、確定した刑罰を關係機關に告知する命令である。しかし、現在目にできる史料から推測するに、「令」がすでに拘束濟みの罪人を對象とするのに比べ、「命」は身柄が確保できていない、逃亡中の罪人を對象とする手續きと考えられる」とする。[15]

また、亡律（一六六）に、

諸亡自出、減之。毋名者、皆減其罪一等。

逃亡者が自ら出頭した場合は、減刑する。条文に具体的な減刑規定がない場合は、いずれも罪一等を減ずる。

とあり、逃亡者が自ら出頭した場合の減刑についての規定がみえる。一般民などの場合の減刑については前掲亡律（二五七）などに規定があるため、後半は、逃亡した犯罪者についての規定であろう。「毋名者」について、『小組版』の注は律文中に減刑規定がないと解す。この問題についても、保科氏は「名」を罪名（刑罰名）とし、「逃亡者が出頭した場合、刑罰名が確定されていなければ、罪一等減じられた」とする。また、確定された罪名である「名」に対して「命」を「亡」もしくは「不得」といった身柄が確保できていない容疑者に対する罪名確定を指している可能性」を指摘する。[16]

五　傜役・公務・兵役・軍務からの逃亡

労働力の確保や円滑な国家運営、治安維持や防衛に際し、これらへの支障をきたす怠罷については、当然のことながら、国家は多大な関心を寄せていた。前掲亡律（二五七）や『睡虎地秦簡』封診式（一三～一四）、同（九六～九八）などでも、逃亡期間とともに傜役への「逋」に対しての記載がある。「逋」については「乏」とともに、『睡虎地秦簡』法律答問（一六四）に

可（何）謂「逋事」及「乏繇（傜）」。律所謂者、當繇（傜）、吏・典已令之、即亡弗會、爲「逋事」。已閲及敦（屯）車食若行到繇（傜）所乃亡、皆爲「乏繇（傜）」。

「逋事」および「乏傜」とは何か。律にいうところは、傜役に徴発され、吏・典がその命令を下したが、逃亡して集合期限に間に合わなかった場合を「逋事」とする。すでに期限の点呼までに集合し、運搬業務などで車食を共にした後に、もしくは傜役場所に着いた後に、逃亡した場合、いずれも「乏傜」とする。

との定義がある。「乏」については、興律（四〇一）に

□繇（徭）及車牛當繇（徭）而乏之、皆貲日廿二錢、有（又）賞（償）乏繇（徭）日、車〼

徭役徴発の命令に従ったが役務を怠った場合、および徭役に徴発された車牛が、その徭役に従うも役務に従事しなかった場合は、いずれも日ごとに二十二銭で贖わせ、そのうえ従事しなかった徭役の役務日数をあらためて追加する。車……

がある。また、置吏律（二一一～二一二）でも

□□□若有事縣道官而免斥、事已、屬所吏輒致事之。其弗致事、及其人留不自致事、〼盈廿日、罰金各二兩、有（又）以亡律駕（加）論不自致事者。

……県道官で任務に就いていて免斥された場合や任務が終了した場合、その管轄の官吏はすぐさまその者にその任務から離脱させることを通達する。離脱を通達しなかった場合、または離脱を通達されても故意に留まって離脱しなかった場合、それが二十日を過ぎれば、各々罰金二両とし、そのうえでまた自ら離脱しなかった者には、さらに亡律を適用して処罰する。

とあり、公務の交替などの際に元の任務先に居座った場合、罰金の上に亡律（一五七簡か）が適用されることとなる。史律（四八一～四八三）でも

大史・大卜謹以吏員調官史・卜縣・道官。【縣】・道官受除事、勿環。吏備（憊）罷・佐勞少者、毋敢亶（擅）史・卜。史・卜受調書大史・大卜而逋・〼留、及亶（擅）不視事盈三月、斥勿以爲史・卜。吏壹弗除事者、與同罪。其非吏也、奪爵一級。史・人〈卜〉屬郡者、亦以從事。

大史・大卜は厳正に吏の定員にのっとって県官・道官に（その）官府で従事する史・卜を選抜する。県官・道官は（その

任命の通知）を受理したら任務につけさせ、差し戻してはならない。儋罷な吏・勤務日数の少ない佐は、勝手に史・トとしてはならない。史・トは大史・大トから選抜結果（任命）書を受けとっても、逃れて期限に間に合わなかったり、その場に留まっていたりして任地に赴かなかった場合、および（赴任しても）勝手に満三か月以上職務を開始しなかった場合は、放逐して史・トとしてはならない。吏で一度たりとも任務に就かない場合は、ともに同罪とする。その者が吏でない場合には、爵一級を剥奪する。史・トで郡に所属する者も同様とする。

とあり、史・トが選抜されて任命書を受けても「逋（期限までに出頭しない）」・「留（任地に行かない）」および「擅不視事（職務を行わない）」が満三か月となると放逐して史・トの資格を失うことと、官吏もこれに準ずることなどが規定されている。

兵役や軍務についても、興律（三九八）に

當戍、已受令而逋不行盈七日、若戍盗去署及亡過一日到七日、贖耐。過七日、耐爲隷臣。過三月、完爲城旦。

戍（兵役徴発）に際して、すでにその命令を受けていたがその期限までにあらわれず、それが満七日に達した場合、あるいは戍に応じたが、ひそかに署（詰め所）から去った場合、及び（署に向かう途中で）逃げた場合、その逃亡期間が一日を越えてから満七日に達するときは、贖耐とする。七日を越えた場合は、耐隷臣とする。三か月を越えた場合は、完城旦とする。

とあり、同（三九九）に

當奔命而逋不行、完爲城旦。

奔命（緊急の軍事的な動員）を受けて、その期限までに現われない場合は、完城旦とする。

とある。当然のことではあるが、前掲亡律（一五七）でみたような、一般人の逃亡が満一年以上で耐司寇となることに比して、兵役や軍務の場合の量刑は重い。さらに賊律（一～二）に

以城邑・亭鄣反、降諸侯、及守乗城・亭鄣、諸侯人來攻盜、不堅守而棄去之若降之、及謀反者、皆／要（腰）斬。其父母・妻子・同產、無少長皆棄市。其坐謀反者、能偏（徧）捕、若先告吏、皆除坐者罪。

城邑や亭鄣を拠点として反乱する、諸侯国に投降する、または城・亭鄣を守っていて諸侯国の者が侵略や掠奪をしてきたとき、堅守しないで城・亭鄣を棄てる、または諸侯国に投降する、または反乱を企てた者は、皆な腰斬とする。その父母・妻子・兄弟姉妹は、年齢に関係なくいずれも棄市とする。反乱を企てた者の連坐対象者が、（近親者の）反乱を企てた者すべてを逮捕する、あるいは先に官吏に密告すれば、連坐対象者の罪は問わない。

とあり、城邑・亭鄣の防衛に際して、防衛を放棄して逃げることや諸侯へ投降することは、「反」と同じく腰斬とされ、親族（父母・妻子・同產）も棄市とされた。なお漢高祖十一年［前一九六］の『奏讞書』案例一（一～七）において、蛮夷の成年男子である毋憂という者が告発され

……●鞫之、／毋憂變（蠻）夷大男子、歲出賨錢、以當䌛（傜）賦。窯遣爲屯、去亡、得。皆審。……

●吏當、毋憂當要（腰）斬、或曰不當論。●廷報、當要（腰）斬。

……●告発についての取調べの結果は、「毋憂は蛮夷の成年男子で、一年ごとに賨銭を納付することによって傜賦に当てていた。（県尉の）窯が（南郡尉の命令どおり毋憂を）兵役に徴発したが、（毋憂は）逃亡し捕らえられた。すべて明白である。」と。……●県では、「毋憂は腰斬に当たる」あるいは「論罪に当たらない（無罪）」との見解がある。●廷尉の回

答は「腰斬に当たる」と。

とある。屯卒として徴発された毋憂が逃亡したが、それに対する吏當（県の判断）としては腰斬と無罪の二案があり、廷尉の判断では腰斬となった。『二年律令』の規定においては、前掲興律（三九八）の「當戍、已受令而逋不行」では「過三月」となった場合、同（三九九）の「奔命而逋不行」の場合でも完城旦であることを考えると、過剰に重い量刑に思われる。あるいは、前掲賊律（一～二）と同様の行為とみなされるのか。

官吏による治安維持に関しても、捕律（一四〇～一四三）に

……與盜賊遇而去北、及力足以追逮捕之而官□□□□逗／留・畏耎弗敢就、奪其將爵一絡〈級〉、免之。毋爵者戍邊二歲、而罰其所將吏徒以卒戍邊各二歲。興吏徒追盜賊、已受令而逋、以畏耎論之。

……（吏・徒で編成された）隊が盗賊と遭遇して逃げる、あるいは隊に追捕するに十分な勢力があったにも関わらず、官……もたもたしたり、畏耎し（怖じ気づい）たりして追捕しなかった場合は、その隊の「將（統率者）」の爵一級を剥奪し、免職とする。その者に爵がない場合は、戍辺二歳とする。その隊に所属していた吏と徒はそれぞれ卒として戍辺一歳に処罰する。吏・徒を徴発して盗賊を追撃させる場合、すでに命令を受けていながら隊の編成期日に間に合わなかった場合は、畏耎として論罪する。

とある。盗賊鎮圧の際の逃走などでは、「將」の奪爵・免職や「吏・徒」も含めた戍辺などによって処罰された。

なお、興律（四〇五）に

守㸚乏之、及見寇失不燔㸚、燔㸚而次㸚弗私〈和〉、皆罰金四兩。

烽隊従事者が持ち場を離れた場合、および敵兵を発見しても過失で烽隊しなかった場合、（他の烽台に）烽隊があるにもかかわらず、それを受け次いで烽隊しなかった場合は、いずれも罰金四両とする。

とあり、行書律（二六九）に

發徵、及有傳送、若諸有期會而失期乏事、罰金二兩。非乏事也、及書已具、留弗行、行書而留過旬、皆

とある。ここの乏については『小組版』注は「廃」とし、「専大訳注」・『人文研訳』ともに公務への支障として訳出しているが、法律答問の定義と右興律（四〇五）を参考に解釈を試みると

徴発する場合や、文書を伝送する場合、もしくは期限がある場合、持ち場を離れて期限に遅れた者は、罰金二両とする。持ち場を離れなかった場合や、文書がすでにそろっている場合でも、滞留して送達が行われなかったり、送達しても滞留期間が旬日（十日）を過ぎた場合は、いずれも……

となり公務からの離脱として理解できる。

六　国外逃亡

漢初において、境界を越える人の移動については特に大きな関心が払われていた。国外逃亡について賊律（三）に

□來誘及爲閒者、磔。亡之□

……（諸侯国から）入国し（人を諸侯国に）誘い逃亡を促す、または間諜を行う者は、磔とする。亡之……

とあり、高祖十年［前一九七］の『奏讞書』案例三（一七～二七）に

……●詰闌「闌非當得取（娶）南爲妻也、而取（娶）以爲妻、與偕歸臨菑（淄）、／是闌來誘及奸、南亡之諸侯、闌匿之也、何解」。……●詰闌「律所以禁從諸侯來誘者、令它國毋得取（娶）它國人也。闌雖／不故來、而實誘漢民之齊國、卽從諸侯來誘也、何解」。……●吏議「闌與清／同類、當以從諸侯來誘論」。●或曰「當以奸及匿黥舂罪論」。／●十年八月庚申朔癸亥、大（太）僕不害行廷尉事、謂胡嗇夫讞（讞）獄史闌、讞（讞）固有審、廷以聞、闌／當黥爲城旦、它如律令。」

……●闌に対して「被告人闌は南と婚姻して妻とすることができないにもかかわらず、彼女を妻とし、一緒に臨淄に帰ろうとした。その罪は闌が來誘および奸に、南が亡之諸侯に相当する。被告人闌は彼女を匿まった。何か弁解はあるか」と詰問した。……●闌に対して「律が、從諸侯來誘を禁止する理由は、別の国の人間同士が婚姻することを防ぐためである。被告人闌は犯行する意図をもって長安に来たのではないが、漢の民を誘って齊国に行くことは、從諸侯來誘となる。何か弁解はあるか」と詰問した。……●県廷では「闌は清と同類にして、從諸侯來誘として論断すべきか。」●あるいは、「奸および黥舂罪の者を匿まった罪でもって論断すべきか」との見解がある。●十年八月庚申朔癸亥、太僕の不害が廷尉の職務を行い「胡嗇夫による獄史闌の論断について讞す、讞の内容は明白である」とし、廷尉は以聞し「闌は黥城旦に処す。他は律令の通りとする」とした。

とあり、「從諸侯（ここでは齊国）來誘」や「亡之諸侯」が問題とされ、「亡之諸侯」は黥舂とされている。
なお賊律（三）では來誘は磔とされることから、黥城旦とされた闌は「奸及匿黥舂罪」と判断されたものと

思われる。亡人や罪人を匿まうことについては、後にまた検討する。右の例からも、賊律（三）の対象は諸侯国と考えられるが、また『睡虎地秦簡』法律答問（四八）の

……一告人曰邦亡、未出徼闌亡、告不審、論可（何）殹（也）。爲告黥城旦不審。

……一人を邦亡（国外逃亡）の罪で告発したが、境界を越えてはいなかったことにより告不審となる場合、どのように論断するか。告黥城旦不審とする。

からは、秦律において「邦亡」は黥城旦（舂）にあたる罪となったことがわかり、『奏讞書』案例三における「亡之諸侯」の量刑と一致する。統一以前の秦にとっての他「邦」が、前漢では「諸侯」国となったが、[17]「諸侯」に対しても、漢の郡県統治外の潜在的敵国として警戒体制をとっていた。[18]

さらに、境界を越えるという点では、境域外から進入しての不法行為に対しては厳罰をもって臨んだ。盗律（六一）に

徼外人來入爲盜者、要（腰）斬。吏所興能捕若斬一人、捧（拜）爵一級。不欲捧（拜）爵及非吏所興、購如律。

境界外の人が侵入して、盗みをはたらいた場合は、腰斬とする。官吏に徴発されていた者がそのうちの一人を捕らえた、もしくは斬った場合は、爵一級を与える。そのものが爵を望まなかった場合、及び官吏に徴発された者でなかった場合は、律にしたがって褒賞する。

とあり、境界外からの侵入者が盗を行った際は、腰斬となっている。また、「吏所興」にあってその者を捕らえた場合には爵一級が賜与される。なお、捕律（一五〇～一五一）にも

捕従諸侯來爲閒者一人、捧（拜）爵一級、有（又）購二萬錢。不當捧（拜）爵者、級賜萬錢、有（又）行其購。數人共捕罪人而當購・賞、欲／相移者、許之。

諸侯国から入国し間諜を行う者一人を捕らえた場合は、爵一級を賜与し、そのうえで二万銭を褒賞する。賜爵の対象者でない場合は、爵一級につき一万銭を賜与し、そのうえで（二万銭を）褒賞する。数人が共に罪人を捕らえて賜爵・褒賞にあたるときで、互いに賜爵・褒賞を移譲しようとする場合は、これを許可する。

とあり、前掲賊律（三）にもみえる間諜に対する褒賞が規定されている。

また、国外逃亡にかかわる犯罪として、『睡虎地秦簡』法律答問（一八一）に

邦亡來通錢過萬、已復、後來盜而得、可（何）以論之。以通錢。

国外逃亡をした者が侵入して、一万銭以上の通銭[19]を行っていた。免罪された後に侵入して盗みをはたらき捕らえられた。どう論断するか。通銭の罪で論断する。

とある。このような、境界外から侵入しての不法行為とともに、賊律（三）などにみえる犯罪としての境界外逃亡や人口流出となる国外へ誘引などへの対応は、国家にとって重視されていた。

七　その他関連規定

A．奴婢・刑徒の監視・引率

さらに、逃亡にかかわる問題として、本人が逃亡するものではないが、奴婢や刑徒の監視・引率を担当し

ている者がその業務中に逃亡をゆるす場合の規定がある、具律（一〇七～一〇九）に

告、告之不審、鞫之不直、故縦弗刑、若論而失之、及守將奴婢而亡之、篡遂縦之、及諸律令中曰「與同灋・同罪」・「其所╱與同當刑復城旦舂」、及曰「黥之」、若「鬼薪白粲當刑爲城旦舂」、及「刑畀主」之罪也、皆如耐罪然。其縦之而令亡城旦╱舂、鬼薪白粲也、縦者黥爲城旦舂。

告発がなされ、その告発が不正確であった場合、取調べで故意に罪を増減させた場合、故意に有罪を無罪として刑を科さなかった場合、あるいは論断したがそこに過失があって誤判した場合（それらによって被告が耐罪以上に問われることになれば、告発人・官吏は処罰される）、また奴婢を監督・引率していた時に奴婢に逃げられた場合や路上で劫奪され、それをゆるした場合、また各種律令の条文に「與同灋・同罪」・「其の與かる所同しく刑復城旦舂に當たる」、また「之を黥す」あるいは「鬼薪白粲の刑して城旦舂と爲すに當たる」、また「刑して主に畀す」とある場合（奴婢監督・引率者、同法・同罪を問われた者、刑徒で再犯した者、私奴婢で罪を犯した者は）、いずれも耐罪が上記の律令にあるような処罰になる場合の基準となる。城旦舂・鬼薪白粲の逃亡をゆるしてしまった場合、ゆるした者は黥城旦舂とする。

とある。監督・引率中の奴婢の逃亡・劫奪をゆるした場合は耐罪を基準として処罰され、城旦舂・鬼薪白粲の逃亡をゆるした場合は黥城旦舂とされた。このような例は『睡虎地秦簡』にも散見され、法律答問（一一六）に

「隷臣將城旦、亡之、完爲城旦、收其外妻・子。子小未可別、令從母爲收」。●可（何）謂「從母爲收」。人固買（賣）、子小不可別、弗買（賣）子母謂毆（也）。

条文に「隷臣が城旦を引率していた時に逃げられた場合、（引率していた）隷臣は完城旦とし、外に住んでいた（隷臣の）

妻・子は官府が没収する。その子が幼く母親と離れることができなければ、子は母親と一緒に没収する」とある。●何を「子は母親と一緒に没収する」というのか。人が（奴婢を）売る時は、子が幼くて母親と離すことができなければ、売らないことと同様である。

とあり、同（一二五～一二六）に

「將司人而亡、能自捕及親所智（知）爲捕、除毋（無）罪。已刑者處隱官」。●可（何）罪得「處隱官」。●羣盗赦爲庶人、將盗戒（械）囚刑／罪以上、亡、以故罪論、斬左止爲城旦、後自捕所亡、是謂「處隱官」。●它罪比羣盗者皆如此。

条文に「罪人の引率や見張りをしていて逃げられた場合、自ら逮捕できたとき、および親族や知人が代わって逮捕できたときは罪を問わない。すでに肉刑を施されている者は、隱官に処する」とある。●如何なる罪を「隱官に処する」とするのか。●群盗の罪を犯し赦免されて庶人となった者が、肉刑以上の罪で刑具をつけた囚人を引率していて、逃げられた場合は、過去の罪を勘案して論断し、斬左止城旦とする。後に自ら逃亡者を逮捕した場合、これを「隱官に処する」という。●他の罪で群盗と同等の場合は、いずれもこのようにする。

とある。また、同（一二七～一二八）に

大夫甲堅鬼薪、鬼薪亡、問甲可（何）論。當從事官府、須亡者得。●今甲從事、有（又）去亡、一月得、可（何）論。當貲一盾、復從事。從事有（又）亡、卒歲得、／可（何）論。當耐。

大夫甲が鬼薪を「堅」し、その鬼薪が逃亡した場合、甲をどう論断するか。官府に従事させ、逃亡者が逮捕されるまでそれを継続させる。●いま甲が従事していて逃亡し、一か月後に逮捕された場合は、どう論断するか。貲一盾として、また従事させる。さらに逃亡していて、一年後に逮捕された場合は、どう論断するか。耐罪とする。

とある。ここの堅について整理小組は「磒」の音通と類推して『廣韻』「鞭也」を引く。あるいは、この語も刑徒の監視などにかかわる語か。[20]

B．逃亡者・犯罪者の蔵匿

ここでは、逃亡者や犯罪者を匿まうことにかかわる条文をみていく。前掲『奏讞書』案例三とも関連するが、まず亡律（一六七）に

匿罪人、死罪、黥爲城旦舂、它各與同罪。其所匿未去而告之、除。諸舍匿罪人、罪人自出、若先自告、罪減、亦減舍匿者罪。《所舍》

罪人を匿まった場合、その罪人が死罪の場合は、匿まった者は黥城旦舂とし、その他の罪の場合は、その罪人と同じ罪を匿まった者に科す。匿まっていた罪人が他所に去らない間に、罪人を告発した場合は、匿まった者の罪は問わない。罪人に宿を提供して匿まった場合で、罪人自ら出頭する、もしくは逃亡前に犯した罪を告発される前に自首した場合は、匿まわれた罪人の罪を減じ、また宿を提供して匿まった者もその罪を減ずる（《所舍》は衍字か）。

とあり、死罪が適用される罪人を匿まった者は、黥城旦舂となり、他の罪の者を匿まった場合は同罪、罪人が去る前に告発した場合は、無罪となる。また、罪人に宿を提供して匿まった者は、罪人が自ら出頭したり自首した場合に罪人とともに罪を減ぜられる。宿の提供に関しては、同（一七〇～一七二）に

諸舍亡人及罪人亡者、不智（知）其亡、盈五日以上、所舍罪當黥☐贖耐。完城旦舂罪以下到耐罪、及亡

收・隷臣妾・奴婢、及亡盈十二月以上／贖耐。

亡人や罪人で逃亡している者に対して宿を提供した場合、逃亡者という事情を知らずに、満五日間以上宿を提供された者の罪が黥【城旦舂】に相当する場合……。……贖耐とする。（宿を提供された者の罪が）完城旦舂から耐罪の場合、及び收人・隷臣妾・奴婢の逃亡者の場合、および一般民の逃亡者でその逃亡が満十二か月以上の場合（その宿提供者は）……。

……贖耐とする。

とある。断簡ゆえに量刑は判然としないが、（「贖耐」とのみ記載される一七一簡も接続するかどうかは疑問。）逃亡者や罪人の逃亡者に対して、逃亡者であることを知らずに宿を提供した者は、逃亡者という事情を知らなくても、満五日以上の宿の提供によって、逃亡者の罪状に応じた罰則が設けられている。次に、同（一六八～一六九）に逃亡者の婚姻に関して

取（娶）人妻及亡人以爲妻、及爲亡人妻、取（娶）及所取（娶）、爲謀（媒）者、智（知）其請（情）、皆黥以爲城旦舂。其真罪重、以匿罪人律論。弗智（知）／者不☐

他人の妻、または逃亡している女性を妻とした場合、また逃亡している男性の妻になった場合、娶る者や娶られる者、仲立ちする者は、彼らが他人の妻や逃亡者であるなどの事情を知っていれば、いずれも黥城旦舂とする。これらの罪は（婚姻を利用してということであり、単に逃亡者を匿ったものではあっても）重いため、匿罪人律の規定を適用して論断する。……（逃亡者であるなどの事情）を知らなかった……。

……者不☐

とあり、ここも一六九簡との接続の問題があるが、逃亡者を娶る者、逃亡者の妻となる者、その仲立ちをす

る者が、逃亡の事情を知っていた場合は黥城旦舂となる。「匿罪人律」について、『小組版』注は前掲亡律（一六七）とする。

「娶人妻」もしくは亡人にかかわる婚姻は、死罪もしくは黥城旦舂の罪の逃亡者を匿まった場合と同様の量刑とされたが、これは家族的秩序の維持をはかるためか。逃亡者の婚姻や妻の逃亡については、他にも『睡虎地秦簡』法律答問・日書や、『奏讞書』に多見する。

また、逃亡者を雇用することに関しては、亡律（一七二）に

取亡罪人爲庸、不智（知）其亡、以舍亡人律論之。所舍取未去、若已去後、智（知）其請（情）而捕・告、及詷〈詗〉告吏捕得之、皆除其罪、勿購・賞。

逃亡した罪人を雇用した場合、逃亡者という事情を知らなかったならば、雇用した者は、舍亡人律の規程を適用して論断する。逃亡者がまだ住み込みで雇われている間に、あるいは雇用関係が終了して去った後に、その者が逃亡中の罪人であるという事情を知って、雇用した者が捕らえたり、告発した場合、または逮捕に結びつく有力な情報を提供し、それによって吏が逮捕した場合は、いずれも罪を問わない。ただし褒賞・賜爵は行わない。

とあり、逃亡した罪人を庸人とした場合、逃亡者であることを知らなければ「舍亡人律」で論断される。『小組版』注は「舍亡人律」を前掲亡律（一七〇～一七一）とする。滞在中や去った後に事情を知り、捕らえるなどした場合は無罪となるが、通常行われる褒賞・賜爵はなされない。また、収律（一八〇）に

奴有罪、毋收其妻子爲奴婢者。有告劾未遝死、收之。匿收、與盜同灋。

奴が罪を犯した場合、その妻子で奴婢である者は没収してはならない。告・劾があってその者が逮捕される前に死亡して

も没収する。收（の対象となる人・動産・不動産）を隠匿する（匿まう）ことは盗と同法。

とあり、收人を匿まった場合には收人となることはなく、盗として論罪される。

C. 名數の復活

ここでは、一度逃亡した者が回収される場合（あるいはされない場合）に、どのような事例が考えられるか検討したい。

逃亡者の国家による正規の回収としては、さきにみたように自告・自出や告・捕得により刑徒などとしての回収が挙げられる。高祖八年［前一九九］の『奏讞書』案例一四（六三〜六八）には

●令曰「諸無名數者、皆令／自占書名數、令到縣道官。盈卅日、不自占書名數、皆耐爲隸臣妾、錮、勿令以爵・賞免、／舍匿者與同罪」。

●令に「名數の無い者は、いずれも名數を自ら登記させ、県道官に至らせる。満三十日間、名數を自ら登記しない場合、いずれも耐隷臣妾とし、錮とし[21]、爵・賞によって免罪させることはない。宿を提供して匿まった者も同罪とする」とある。

とあり、名數の自占をうながす令がみえる。これは、秦漢交代期の混乱を受けた施策と思われるが、逃亡した奴婢も、漢で名數を自占することにより「民」となることができた。高祖十一年［前一九六］の『奏讞書』案例二（八〜一六）に

●詰媚「媚故點／婢、雖楚時去亡。降爲漢、不書名數、點得、占數媚、媚復爲婢、賣媚當也。去亡、何

解」。

●媚に対して「かつて媚は點の婢だったが、楚が統治していた時に逃亡した。漢の支配下に入ったが、名數を申告しないままでいたときに、點によって捕らえられ、點は私の名數を自分の戸に登録して再び婢として、そのうえで媚を売ったのは正当なことである。（さらに）逃亡したことについて何か弁解はあるか」と詰問した。

とあり、もと婢だった媚の例がみえ、高祖十年［前一九七］の『奏讞書』案例五（三六〜四八）に

●今武曰「故軍奴、楚時去亡。降漢、書名數爲民、不當爲軍奴。……」。

●いま武は「かつて軍の奴だったが、楚が統治していた時に逃亡した。漢の支配下に入り、名數を申告して民となったので、軍の奴隷ではない。……」と供述した。

とあり、もと奴だった武の例がみえる。媚は「不書名數」だったため民として扱われなかったが、武は「書名數」によって民として扱われたのである。また『睡虎地秦簡』法律答問（一六六）に

女子甲爲人妻、去亡、得及自出、小未盈六尺、當論不當。已官、當論。未官、不當論。

女子甲がある人の妻となったが逃亡し、逮捕や自ら出頭した場合で、その者の身長が六尺に満たないときは、罪に当たるか。婚姻が官府に届けられていれば、罪に当たる。それがまだの場合は、罪に当たらない。

とあり未成年の女性が人の妻となったが、逃亡して逮捕されたり自首した場合、罪となるかどうかは、官府への届け出の有無によって変わった。

なお、逃亡した者が身元を隠して、別の郷里で名數を占書する事例も存在する。高祖一〇年［前一九七］の『奏讞書』案例四（二八〜三五）に

●符曰「誠亡、詐（詐）自以爲未有名數、以令自占／書名數、爲大夫明隸、明嫁符隱官解妻、弗告亡」。

●符は「逃亡したのは事実で、自分がいまだ名數を登録していないと偽って、自ら自分の名數を申告し、大夫である明の隸となった。明は私を隱官である解の妻として嫁がせたが、その時、私が逃亡者であることは説明しなかった」と供述した。

とあり、名數を偽って申告した女子符が「隸」となり、隱官解の妻となっている。発覚した事により、隱官の解はさきにみた「取（娶）亡人爲妻」として論罪された。国家は名數の登記をうながしてはいたが、このように名數の登記を偽ることや、あるいは登記せずに郷里社会で生活することは、さきにみた舎匿の対象としての人妻・庸人なども含めて起こり得ることであった。当然それは告せられなければ発覚せず、戸律（三〇五〜三〇六）に

自五大夫以下、比地爲伍、以辨□爲信、居處相察、出入相司。有爲盜賊及亡者、輒謁吏。典・田典更挾里門籥（鑰）、以時開。／伏閉門、止行及作田者。其獻酒及乘置・乘傳、以節使、救水火、追盜賊、皆得行。不從律、罰金二兩。

爵が五大夫以下で、宅地が隣接する者たちを伍に編成し、辨券を用いてその証とし、相互に生活を監察し、相互に往来を監視する。盗賊および逃亡者がいれば、すぐさま吏に報告する。里典と田典は交互に里門の鍵を所持し、定刻に門を開閉する。伏日には終日門を閉ざし、通行する者および耕作する者の往来を禁止する。ただし閉門中でも獻酒および厩舎・傳舎を利用する者、節を所持して使者となる者、水火を救う者、盗賊を追捕する者は、いずれも通行することができる。律に従わない場合は、罰金二両とする。

とあるように、同伍による「有爲盗賊及亡者」の監視を行わせ、同（三二八～三三〇）に

恒以八月令郷部嗇夫・吏・令史相襍案戸、籍副臧（藏）其廷。有移・徙者、輒移戸及年籍・爵細徙所、幷封。留弗移、移不幷封、／及實不徙數盈十日、皆罰金四兩。數在所正・典弗告、與同罪。郷部嗇夫・吏主及案戸者弗得、罰金／各一兩。

毎年八月に郷部嗇夫・吏・令史に合同で戸を調査させ、そのとき作成された籍の副本はその廷に収蔵させる。戸籍の移送と転居が生じた場合、すぐさま戸籍および年籍・爵の詳細を記した文書を転居先に移し、それらをまとめて封印する。これらの籍を留めて移さなかった場合、移したがまとめて封印しなかった場合、および転居者が実際に転居すると申告した人数でもって名數を移したところに転居せず、その期間が十日を過ぎた場合、これらはいずれも罰金四両とする。転居者と名數が一致していないとき、名數のある所の里正もしくは里典が告発しなかった場合は、ともに同罪とする。郷部嗇夫・吏主および戸を調査する者が（八月の戸時において）、調査・確定しても正確な戸籍を得られなかった場合は、それぞれ罰金一両とする。

とあり、毎年八月に戸籍調査が行われていたが、それでも郷里社会での実態と国家への登記とでは当然の如くズレが生じていたのである。逃亡の例ではないが、秦王政一八年［前二二九］の『嶽麓奏讞書』案例〇七（一〇八～一三六）では、

……媿曰、與羛（義）同居、故大夫沛妾。沛御媿、媿産羛（義）・女姎。……沛免媿爲庶人、妻媿。媿有（又）産男必・女若。居二歳、沛告宗人・里人大夫快・臣・走馬拳・上造嘉・頡曰、／沛有子媿所四人、不取（娶）妻矣。欲令入宗、出里單賦、與里人通歓（飲）食。快等曰、可。媿即入宗、里／人不幸

死者單賦、如它人妻。居六歳、沛死。弟（義）代爲戸・爵後、有肆・宅。……●弟（義）、若小不訊。必死。／●卿（鄉）唐・佐更曰、沛免婉爲庶人、即書戸籍曰、免妾。沛後妻婉、不告唐・更。今籍爲免妾。不智（知）它。……

……婉は「息子の義と同居し、もと大夫沛の妾である。沛が婉を御し、婉は義と娘の婡を産んだ。……沛は婉を免じて庶人とし、婉を妻とした。婉はまた息子の必と娘の若を産んだ。二年後、沛は宗人・里人、大夫の快・臣、走馬の拳、上造の嘉・頡に告げて「私には婉との子が四人いるが妻とはしていなかった。宗に入らせ、里の單賦を出し、里人と飲食を通じることを欲する」と言った。快らは「可」と言った。婉はそこで宗に入り、里人に死者が出たときの單賦の負担は、他の里人の妻たちと同様であった。六年後、沛が死んだ。義は相続により為戸し、爵の後継者となり、肆・宅があった」と供述した。……●義は年少のため訊問しない。必は死去している。●鄉嗇夫の唐・鄉佐の更は「沛は婉を免じて庶人とし、戸籍への登記は「免妾」となっている。沛は後に婉を妻としたが、唐や更に申告していない。現在戸籍上は「免妾」となっている。他の事情は知らない」と供述した。……

とあり、大夫の沛という人物が死去した後の、相続にかかわる問題がとりあげられている。ここでは、沛の妾であった婉という女性が免ぜられて庶人となり沛の妻とされ、宗人・里人らにも承認されて「入宗、里人不幸死者單賦、如它人妻。」となる。しかし、官への届け出は「免妾」のみで、妻とは申告していなかった。このことも国家と郷里社会とのズレとして参考になる。

また、逃亡者が、回収されない状態として、郷里社会を離れて山沢に居する場合もみえる。これも秦漢交代期の事例として、『漢書』高帝紀の高祖五年［前二〇二］詔に……民は、これまでに集まって山沢に避難して、名數を登記していない。いま、天下はすでに定まり、民を各自の県に帰らせ、もとの爵や田宅を回復させよ。吏は文法教訓をもって辨告し、笞辱してはならない。民の飢餓によって自らを売り、人の奴婢となる者は、いずれも免じて庶人となせ。……

とあり山沢からの回収をうながしている。また『睡虎地秦簡』爲吏之道にみえる、魏安釐王二五年〔前二五二〕の魏戸律（二六、伍～二一、伍）にも

○告／相邦。民或棄邑居壄（野）、入人孤寡、徼／人婦女、非邦之故也。……

○相邦に告す。民の中には邑を棄て野に居する者がおり、人の孤寡に入り、人の婦女を求めることは、国の旧来のことではない。……

とある。

さらに回収が難しい状況として、諸侯国へ逃亡する場合（やそれを誘引する場合）がある。これに対しては、さきにみた賊律（三）や『奏讞書』案例三の「亡之諸侯」・「來誘」として黥城旦舂や磔を処した例があり、『史記』呉王濞列伝にも晁錯の景帝に対する言として「（呉王は）益々驕りたかぶり、山で鋳銭を行い、海水を煮て製塩し、天下の亡人を誘引して反乱を謀っている」といった例もある。また「外国」への逃亡としては『同』朝鮮列伝の「惠帝・高后の時になって天下は初めて定まり……（朝鮮王の衛満は王位を）子に伝え孫の右渠に至り、誘引される漢の亡人がますます多い……」や、匈奴への逃亡者として臧荼の子の臧衍や燕王盧綰の例もある。

D．褒賞

ここでは、国家の逃亡への対処をみるための参考として、逃亡にかかわる犯罪者を捕らえたときの褒賞について確認する。まず、捕律（一三七〜一三八）に

□亡人・略妻・略賣人・强奸・僞寫印者棄市罪一人、購金十兩。刑城旦舂罪、購金四兩。完城／□二兩。

……逃亡者・他人の妻を誘拐した者・人をむりやり誘拐して売った者・強奸した者・公印を偽造した者で棄市の罪にあたる者一人を捕らえた者には、金十両を褒賞する。刑城旦舂の罪にあたる者一人を捕らえた者には、金四両を褒賞する。完城……二両。

とある。前掲亡律（一五七）でみたように、一般人の逃亡罪のみでは棄市とはならない[22]。そのため、ここは棄市に相当する罪を犯した逃亡者を捕らえた場合は褒賞金十両が支払われるという規程と考えられる。以下、刑城旦舂罪の場合は褒賞金四両、完城旦舂罪の場合は褒賞金二両となる。

なお、『睡虎地秦簡』法律答問（一三五）でも

捕亡完城旦、購幾可（何）。當購二兩。

逃亡した完城旦を逮捕した者への褒賞金はいくらとなるか。二両に相当する。

とあり、こちらはすでに刑徒の完城旦となって逃亡したものを捕らえた場合ではあるが、褒賞金の額は、捕律（一三七〜一三八）の完城旦の罪の逃亡者を捕らえた場合の規定と一致する。ただ、『睡虎地秦簡』法律答問（一三七）に

夫・妻・子十人共盜、當刑城旦、亡、今甲捕得其八人、問甲當購幾可（何）。當購人二兩。

夫・妻・子ら十人で、その罪が刑城旦に相当する盗みをはたらき逃亡中であるとき、今甲がそのうち八人を逮捕した場合、甲への報奨金はいくらとなるか。逮捕者一人につき二両に当たる。

とあり、ここでは刑城旦に相当する罪の亡人を捕らえた場合は一人につき二両の褒賞となり、捕律（一三七～一三八）の規定（四両）よりも少ない。家族の共犯ゆえの例外規定か。また、逃亡した私奴婢に関しては前掲亡律（一六二）にみえるように、奴婢の主人が褒賞金を負担したものと思われる。

また、捕律（一五〇～一五一）に

捕從諸侯來爲閒者一人、捧（拜）爵一級、有（又）購二萬錢。不當捧（拜）爵者、級賜萬錢、有（又）行其購。數人共捕罪人而當購・賞、欲／相移者、許之。

諸侯国から入国し間諜を行う者一人を捕らえた場合は、爵一級を賜与し、そのうえで二万銭を褒賞する。賜爵の対象者でない場合は、爵一級につき一万銭を賜与し、そのうえで（二万銭を）褒賞する。数人が共にこれら罪人を捕らえて賜爵・褒賞にあたるときで、互いに賜爵・褒賞を移譲しようとする場合は、これを許可する。

とあり、前掲賊律（三）にもみえる間諜に対する褒賞が規定されている。

おわりに

以上の如く分類を行った国家による亡に関する規定について、以下にそのまとめと、そこに示された意味と若干の見通しとを述べて本章の結びとしたい。

『二年律令』で規定されている亡なる行為の主体は、吏・民、刑徒、私奴婢、犯罪者であった。また亡は、それぞれが現在置かれている場所・状態からの逃亡と、職務・公務、徭役・兵役などにおける担当者、当該者の不在（職務規定、および徭役・兵役規定上、いなければならない時間と場所にいない）という行為とを規定したものとなっている。亡の原因については、後者においては律の規定にその原因が示されているが、前者においては具体的なそれは記述されていない。この前者のなかの、とりわけ民の逃亡の原因は、夫の犯罪によって収人（官奴婢）となってしまうこと（収律（一七四〜一七五）の規定や『睡虎地秦簡』封診式「封守」など参照[23]）の他にも、経済的な困窮や家庭内不和（夫婦・親子関係）などが想定されよう。さらに亡の場所は、郡県内（いわば国内）での移動と、諸侯国へのそれであった。これらが律に規定されている亡の概要である。

いずれの逃亡についても、発覚すれば当然罪に問われたし、そのために国家は、刑徒に対しては監視役を設けることはもちろんのこととして、民に対しても伍などを組織させて相互監視による逃亡の発見・防止の対策を規定していた。刑徒、私奴婢、犯罪者の逃亡は常に起こり得る行為である。それと同時に、当該時期においては、民（農民）の逃亡についても、亡人を妻としたり、雇用したりする状況が律などに多見し、亡が日常からかけ離れた行為であったとはいいがたい。また、日々の吉凶を占うとされる日書においても、亡に関する記述は頻出する[24]。

ここでとくに注目したいのは、民の逃亡である。そこには民を支配しようとする国家意思と現実の社会

（郷里社会）との関係の一端が示されているように思われる。

その一つは、国家は郡県内（国内）において、統治の枠内（したがってそれは郷里間の移動となる）に収まるのであれば、そうした民の逃亡に対しては比較的寛容な姿勢をとっていたと解釈できる点である。

もちろん非合法ではあり、告発などにより発覚すれば処罰の対象とはなる。しかし取り締まりの対象となるとはいえ、逃亡した民は、別の郷里社会で受け入れられ、発覚さえしなければそこで平和裡に居住し続けることも可能であった。高祖五年詔や『奏讞書』の案例、『睡虎地秦簡』法律答問などからも、逃亡者が自占しない例、あるいは逃亡者であることを秘匿して郷里社会で暮らす例がみえる。たとえば婚姻に関して、官吏への届出、国家への登録自体も、郷里社会内での承認よりは優先順位が低いものであったことがうかがえる。『奏讞書』や『睡虎地秦簡』法律答問において、亡人と婚姻する状況が複数挙げられるのは、こういった事態がしばしば起こりうることとして認識されていたからに他ならない。

その状態は私奴婢の逃亡の場合にも現れていた。秦漢交替期という状況により一般化することはできないとは思われるが、逃亡後の自占によっていずれかの郷里社会において身分回復の機会が与えられていた。それらは国家にとっては税役負担者の確保であり、それはいわゆる個別農民としての存在を「保護」することを一義的な目的としている。しかし別の観点からすれば、税役負担者の確保ができれば、居住する場所については重要視していなかったということができる。

ただその一方で、逃亡者がいずれの郷里社会の枠内からも抜け落ち、独自の勢力を形成し、郷里社会の存続と国家の統治を脅かす存在となる懼れがある事態（その典型例は群盗である）も出現した。それらに対しては、郷里社会からも、国家権力の側からも強硬な姿勢でもって取り締まることが要請され、それが規定となって現れた。

さきにみた量刑や褒賞のほかにも、捕律（一五四～一五五）に

……吏主若備盗賊・亡人、而捕罪人、及索捕罪人……

……管轄の吏や備盗賊・備亡人が、罪人を捕らえたり、罪人を捜索して捕らえたりしたとき……

とあり、「備盗賊」「備亡人」という職名と思われる例がみえ、津關令（四九四～四九五）に

□ 相國・御史請「縁關塞縣・道羣盗・盗賊及亡人、越關垣・離（籬）・格・塹・封・刊、出入塞界、吏卒追逐者得隨出入服迹窮追捕。……」。

□ 相國・御史が請う「關や塞の周縁にある県・道において群盗・盗賊および逃亡者が、關の垣・籬・格・塹・封・刊を越えて、塞の境界を出入した場合、吏卒で追跡する者はその出入経路を辿って、追いつめ捕らえることができる。……」

と。

とみえるのは、亡人は盗賊（さらには群盗）に次ぐ、あるいはそれに合流・転化する恐れのあることが認識され、その意味で警戒されたためと考えられる。前掲盗律（六五～六六）にみえるように、逃亡者が群盗に合流して不法行為を行った場合は磔とされた。不法行為一般を指す語でもある「盗」は、[25]国家の正当性に対する否定そのものであった。

亡規定から国家意思を考え得るいま一つは、国家の領域（郡県地域、基本的には『二年律令』津關令（一四九二）にみえる「五關」内部）を越えて、[26]他国（諸侯国、秦律段階では他「邦」）への逃亡（人口流出）を

促したり、他国からの間諜や「通銭」を行った者に対しては、厳罰に処していた点である。このことについては、それらの者を捕らえた場合には爵や多額の褒賞金が与えられるという規定からもうかがえる。これらの逃亡、誘引などは、郷里社会の秩序にとっては直接的な問題とはならない。しかし国家にとっては大きな問題として認識されていた。それが郡県内（国内）における逃亡（郷里間の移動）と、諸侯国（国外）への移動とに量刑上にも大きな相異となって現れていた。

以上のような、逃亡規定の分類からみた、国家意思、および郷里社会の現実を踏まえ、ここからうかがえる国家と郷里社会との関係、あるいは国家権力の正当性は、次のようにまとめることができる。税役徴収単位としての個別農民をなるべく多く安定した存在として保護するという国家意思が『二年律令』・『奏讞書』段階の亡規定（とりわけ民の逃亡と私奴婢の自占規定）の立法精神となっている。またそれを実現するために、亡人の出現を抑制する政策をとり、亡人が出現した場合も、それらを郷里社会に回収するという規定を制定した（そのこと自体も郷里社会の構造を維持することに貢献する）。しかしその一方で、その規定にみられた逃亡という郷里間の移動への比較的寛容な姿勢は、亡人を受け入れる郷里社会の存在を前提としていた。それは国家にとっては、郷里間での移動があったとはいえ、そこで亡人が安定した生活の場を得たとすれば、結果的に税役徴収単位としての個別農民を維持することとなる。その国家の寛容さは、郷里社会からすれば、その秩序を維持する機能を果たすことになる。したがってとりわけ民の郷里間逃亡に寛容な規定は、税役徴収単位としての個別農民の維持という国家意思の実現のために、郷里社会の秩序を維持するということに結果する。換言すれば、国家の農民支配、それは国家意思としては郷里社会を丸ごと支配し、その住民である個別農民を人身的に支配することであるが、それはあくまで郷里社会の秩序が存在することを前提としていた。また国家は、群盗、あるいは外国（諸侯国）の脅威から郷里社会の秩序を庇護する存在でもある。こうした観点によれば、亡規定は、郷里社会を一方的に支配するのではなく、郷里社会からその正当性を承認された存在として国家統治が認識されていたことを示す一つの素材となるものと理解できるであろう。[27] 本章で得られた如上の知見について、その後の歴史的な展開は稿を改めて検討したい。

注

1 拙稿「前漢後半期における皇帝制度と社会構造の変質」（『専修史学』四二、二〇〇七。本書、第五章に改稿して所収）、同「前漢代における『首都圏』と皇帝制度の変遷」（『専修史学』四九、二〇一〇。本書、第二章・第三章に改稿して所収）。

2 渡部武「秦漢時代の讁戍と讁民について」（『東洋史研究』三六-四、一九七八）、堀敏一「漢代の七科讁身分とその起源―商人身分その他」（一九八二初出。のちに『中国古代の身分制―良と賤』汲古書院、一九八七所収）など。なお、『春秋左氏傳』における亡命記事を分類したものに「亡命の形態―春秋時代の情況」（『広島大学文学部紀要』六〇、二〇〇〇）など、花房卓爾氏の一連の研究がある。

3 増淵龍夫『中国古代の社会と国家―秦漢帝国成立過程の社会史的研究』（弘文堂、一九六〇、『新版』岩波書店、一九九六）、東晋次「中国古代の任侠について」（『ふびと』五一、一九九九）、同「漢代任俠論ノート（一）～（三）」（『三重大学教育学部研究紀要　人文・社会科学』五一～五三、二〇〇〇～二〇〇二）など。

4 本章で扱うものとして、睡虎地秦墓竹簡整理小組編『睡虎地秦墓竹簡』（文物出版社、一九九〇。『睡虎地秦簡』と略称）、張家山二四七号漢墓竹簡整理小組編『張家山漢墓竹簡〔二四七号墓〕』（文物出版社、二〇〇一。『小組版』と略称）、武漢大学簡帛研究中心・荊州博物館・早稲田大学長江流域文化研究所編『二年律令與奏讞書―張家山二四七号漢墓出土法律文獻釋讀』（上海古籍出版社、二〇〇七。『赤外線版』と略称）、朱漢民・陳松長主編『嶽麓書院蔵秦簡〔参〕』（上海辞書出版社、二〇一三。『嶽麓奏讞書』と略称）がある。張家山漢簡の『二年律令』の条文の引用については律名

のみを記す。張家山漢簡の『奏讞書』については、『奏讞書』とのみ記載。いずれも引用時の括弧内の数字は簡番号である。『二年律令』の訳出に関しては、筆者も参加した、専修大学『二年律令』研究会「張家山漢簡『二年律令』訳注（一）～（一四）」（『専修史学』三五～四八、二〇〇三～二〇一〇。「専大訳注（一）」～「専大訳注（一四）」と略称）と東洋文庫中国古代地域史研究班との検討、京都大学人文科学研究所「三国時代出土文字資料の研究」班「江陵張家山漢墓出土『二年律令』譯注稿　その（一）～その（三）」（『東方学報』京都七六～七八、二〇〇四～二〇〇六、のち冨谷至編『江陵張家山二四七號墓出土漢律令の研究　訳注篇』（朋友書店、二〇〇六）所収。『人文研訳』と略称）などを参照した。なお、『二年律令』の釈文については基本的に「専大訳注」の表記を踏襲している。また、『奏讞書』の訳出に関しては、飯尾秀幸「張家山漢簡〈奏讞書〉をめぐって」（『専修人文論集』五六、一九九五）、池田雄一編『奏讞書―中国古代の裁判記録』（刀水書房、二〇〇二）などを参照した。

5　飯島和俊「秦漢交替期の亡人の発生とその追捕」（中央大学東洋史学研究室編『アジア史における制度と社会』刀水書房、一九九六）、同「市に集まる人々」（中央大学人文科学研究所編『アジア史における法と国家』中央大学出版部、二〇〇〇）。

6　保科季子「亡命小考」（冨谷至編『江陵張家山二四七號墓出土漢律令の研究 論考篇』朋友書店、二〇〇六）。

7　水間大輔「秦律・漢律における事後共犯の處罰」（二〇〇六初出。のち『秦漢刑法研究』知泉書館、二〇〇七所収）。

8　池田雄一「中国古代の律令と習俗」（『東方学』一二一、二〇一一）。

9　張功『秦漢逃亡犯罪研究』（湖北人民出版社、二〇〇六）。

10　また、具律（八二）「上造・上造妻以上、及内公孫・外公孫、内公耳玄孫有罪、其當刑、及當爲城旦舂者、耐以爲鬼薪白粲」、同（八三）「公士・公士妻、及□□行年七十以上、若年不盈十七歳、有罪當刑者、皆完之」とあるが、公士以上が耐となった場合の減刑規定は現在のところみられないため、有爵者も無爵者同様、耐司寇となるものと考えた。

11　あるいは「乏事」の意か。

12　なお、『赤外線版』の図版によれば、四文字ほどの未釈字の後にさらに残簡が一片付されており、三文字ほどの墨痕がみえ、最後の字は「出」もしくは「之」と釈せるか。いずれにせよ、律文は四文字以上続く可能性があるため「⍁」とするのが適当に思われる。

13　「輸作所官」について、亡律（一五八）の「専大訳注（四）」注⑤では『漢書』黥布伝「布以論輸驪山、驪山之徒數十萬人」、その師古注「有罪論決、輸作於驪山」を引き「罪により官府での労役につかされることの意」とする。なお女性の再逃亡と司寇・隠官の逃亡の一年未満の場合の規定については記されない。あるいは笞刑か繫城旦舂償亡日か。また、隠官と併記されるが、司寇についても男性の再逃亡を想定した規定であろう。隠官については具律（一二四）「庶人以上・司寇・隷臣妾無城旦舂・鬼薪白粲罪以上、而吏故爲不直及失刑之、皆以爲隱官」参照。司寇との併記は『二年律令』中に散見される。

14 重複しているにもかかわらず規定が存在することについて、「専大訳注（四）」は亡律の律名簡（一七三）の注①などで『二年律令』が「体系化」以前の律文集であることを指摘する。

15 前掲注6参照。

16 前掲注6参照。

17 領域の実態の変化とともに、秦律から漢律への移行のなかで「公」から「縣官」へ、「貲某甲・盾」から「罰金某兩」へ、「黔首」から「民」へといったような条文の語が変化していく問題ともかかわるか。なお、邦亡は『嶽麓奏讞書』の案例〇一・〇二・〇五・一四などにもみえ、統一前の秦における国家を越えた逃亡の事例などについて参考となる。

18 前掲注1、本書第二章・第三章参照。

19 通銭について『睡虎地秦簡』整理小組は賄賂とするが、ここでは不法な銭の交換と考える。「専大訳注（五）」銭律（二〇三）の注②参照。

20 飯島和俊氏は「監」の誤記かとする。前掲注5「秦漢交替期の亡人の発生とその追捕」参照。

21 錮については詳細不明。賊律（三八）「賊殺傷父母、牧殺父母、欧〈毆〉詈父母、父母告子不孝、其妻子爲收者、皆錮、令毋得以爵償・免除及贖」にみえ、『小組版』は禁錮と注し、「専大訳注（一）」の本条注③は「あるいは禁錮刑ではなく、官奴婢として仕え、拘束されるの意か」とする。

22 「専大訳注」の注②でも指摘し、亡人にかかわる何らかの不法行為とする。また、略妻以下、列挙される不法行為は状況によって量刑に幅があるものである。

23 收律（一七四〜一七五）「罪人完城旦・鬼薪以上、及坐奸府（腐）者、皆收其妻・子・財・田宅。……」などや、『睡虎地秦簡』封診式「封守　鄉某爰書。以某縣丞某書、封有鞫者某里士五（伍）甲家室・妻・子・臣妾・衣器・畜産。……●妻曰某、亡、不會封。……」を参照。

24 前掲注8参照。

25 太田幸男「出土法律文書にみえる『盗』について」（二〇〇四初出。のち『中国古代史と歴史認識』名著刊行会、二〇〇六所収）参照。

26 「五關」の外にも緩衝地帯としての郡県が設置されていた。前掲注1、本書第二章・第三章参照。

27 郷里社会の秩序と国家との関係にかかわる共同体論については、多田狷介『漢魏晋史の研究』（汲古書院、一九九九）、豊島静英『中国における国家の起源―国家発生史上のアジアの道』（汲古書院、一九九九）、太田幸男『中国古代国家形成史論』（汲古書院、二〇〇七）、飯尾秀幸「中国古代における国家と共同体」（『歴史学研究』五四七、一九八五）、同「中国古代における個と共同性の展開」（『歴史学研究』七二九、一九九九）などを参照。

第二章　前漢代における「首都圏」の形成

はじめに

従来、消極的・否定的な評価をされることの多かった、武帝の死後（特に元帝期以降）における前漢の皇帝権力について、近年その強化・絶対化という側面からの再評価が進んでいる。[1] 筆者も同様の問題意識から、権力構造の変質と社会構造の変化を視野に入れての再検討を課題としており、前稿においては民衆への賜与と賑恤を主な関鍵として卑見を提示し、前漢後半期における皇帝制度の整備とその統治の正当性の獲得について素描した。[2] 当該期においては、前掲の①賜与と賑恤の他にも、②瑞祥の頻発、③儒教「国教化」、④酷吏から循吏へ、⑤礼制改革、⑥帝陵徙民廃止、⑦里社の変容、⑧豪族の成長、といった面での変容・論点が指摘できる。本章では、前漢後半期のこれらの論点のうち、⑥の変容にいたる前段階として、前漢初期において専制権力の中心となる「首都圏」の形成過程を明らかにし、当該期の直轄統治の領域やその特質について検討する。[3]

一　前漢初期における「關中」と「郡国制」〔高祖～呂后期〕

1　漢王朝の成立と首都長安の選択

前二〇六年、項羽による西楚覇王「自立」と諸王の封建がなされる。このとき劉邦は漢王として巴・蜀・漢中を与えられる。[4]その後、楚漢戦争で勝利した劉邦は、「諸侯及將相」により皇帝に推戴され、諸王を封建することとなる。[5]そして、前二〇三年以降、功臣・近親を徹侯・諸侯王に封建、さらには異姓諸侯王を廃滅し、「劉氏に非ざれば王たるを得ず」という状況へと推移していく。

この間、齊人劉敬（婁敬）の献策が行われ、いずれも結果的に成功をおさめたことが注目される。すなわち『史記』留侯世家に

劉敬説高帝曰「都關中」。上疑之。左右大臣皆山東人、多勸上都雒陽「雒陽東有成皋、西有殽黽、倍河、向伊雒、其固亦足恃」。留侯曰「雒陽雖有此固、其中小、不過數百里、田地薄、四面受敵、此非用武之國也。夫關中左殽函、右隴蜀、沃野千里、南有巴蜀之饒、北有胡苑之利、阻三面而守、獨以一面東制諸侯。諸侯安定、河渭漕輓天下、西給京師。諸侯有變、順流而下、足以委輸。此所謂金城千里、天府之國也、劉敬説是也」。於是高帝即日駕、西都關中。

劉敬は高帝に説いて「關中に都を置くべきです」と言った。高帝はこれを疑問に思った。左右の大臣はいずれも山東の人で、その多くが高帝に雒陽に都を置くことを勧めて「雒陽は東に成皐があり、西に殽山と黽池があり、黄河を背面にし、伊水と雒水とを前面にしています、その堅固なことはまた恃むに足ります」と言った。留侯（張良）は「雒陽は堅固ではありますが、その内は狭小で、数百里に過ぎず、田地は薄く、四面に敵を受け、武を用いる国ではありません。一方、關中は左（東）に殽山・函谷關があり、右（西）に隴・蜀があり、沃野は千里、南に巴蜀の饒が有り、北に胡苑の利が有り、三面は険阻で守られ、ただ一面をもって東方の諸侯を制することができます。諸侯が安定すれば、黄河と渭水は天下から漕輓して、西方の京師に給することができます。諸侯に変事が有れば、流れに順って下り、委輸を行うに足ります。これはいわゆる金城千里、天府の国であり、劉敬の説は正しいものです」と言った。こうして、高帝は即日駕して、西方に行き關中に都を置いた。

とあるように、首都の選定において劉敬は張良とともに、群臣の推す周の故都洛陽ではなく、堅牢且つ経済的にも有益な關中の長安を主張する［前二〇二］。また、対匈奴政策においては、高祖の積極策より、通婚による和親策を主張し、自ら使者として匈奴に赴いている［前二〇〇］。そしてそこから帰還した際、『史記』劉敬列伝に

劉敬從匈奴來、因言「匈奴河南白羊・樓煩王、去長安近者七百里、輕騎一日一夜可以至秦中。秦中新破、少民、地肥饒、可益實。夫諸侯初起時、非齊諸田、楚昭・屈・景莫能興。今陛下雖都關中、實少人。北近胡寇、東有六國之族、宗彊、一日有變、陛下亦未得高枕而臥也。臣願陛下徙齊諸田、楚昭・屈・景、燕・趙・韓・魏後、及豪桀名家居關中。無事、可以備胡。諸侯有變、亦足率以東伐。此彊本弱

末之術也」。上曰「善」。迺使劉敬徙所言關中十餘萬口。

劉敬は匈奴から帰り「匈奴の河南の白羊王と樓煩王とは、長安を去ること近くは七百里であり、軽騎ならば一昼夜で秦中に達することができます。秦中は破壊されてまだ日が浅く、民は少ないのですが、土地は肥饒ですので、充実させるべきです。そもそも諸侯が初めて起兵した時、齊の諸田氏、楚の昭氏、屈氏、景氏が居なければ起兵はかなわなかったのです。現在、陛下は關中に都を置かれておりますが、人口は多くありません。北は匈奴の脅威が近く、東は六国の族、宗彊が居り、一たび変事が有れば、陛下は枕を高くして眠ることはできません。陛下は齊の諸田氏、楚の昭氏・屈氏・景氏、燕・趙・韓・魏の後裔、及び豪桀・名家を移して關中に居住させるようお願いいたします。変事が無ければ、匈奴に備えることができます。諸侯に変事が起これば、彼らを率いて東伐することができます。これこそ本を強くし末を弱くする術です」と言った。高帝は「よろしい」と言い、劉敬に命じて關中に十余万口を移住させた。

とあるように、關中は匈奴に近いが人口が希薄であるため、東方において戦国以来残存している旧六国勢力を徙民して、これを補う政策を主張する〔前一九八〕。

これまでも多々指摘されている点ではあるが、劉敬の献策にも端的にあらわれているように、当該期においては東方の諸侯勢力の問題と北方の匈奴問題への対応とが漢王朝の懸案として浮上していた。そして、高祖政権は、東方における諸侯勢力の潜在的な危険性と、秦の故地である關中（とその後背地）の地の利とについて検討した結果、關中の長安を都とし、さらに「彊本弱末之術」とされる徙民政策によって、「首都圏」ともいえる根拠地の相対的強化と整備を図ったのである。次節では漢初の国家におけるこの「首都圏」の位置づけについて、漢律を素材として検討する。

2　『二年律令』にみる漢初における「關中」と諸侯王国

一九八三年に発見された張家山漢簡『二年律令』において、「中」と「郡」の官が併記され、また「漢」の官と諸侯王国の官が区別されていることは注目される。[6]すなわち置吏律（二一三～二一五）に

……縣道官之計、各關屬所二千石官。其受恒秩・氣稟、及求財用委輸、郡關其守、中關／内史。……。

……県道官の会計は、それぞれ所属する二千石官に報告する。通常の秩・支給物を受けたり、財用の委輸を要求するときは、地方である郡の場合は郡守に報告し、中央の官署の場合は内史に報告する。……。

秩律（四四五）・（四四六）・（四六八）に

中發弩・枸（勾）指發弩、中司空・輕車、郡發弩・司空・輕車、秩各八百石、有丞者三百石。●卒長五百石。

中候、郡候、騎千人、衛〈衞〉將軍候、衛〈衞〉尉候、秩各六百石、有丞者二百石。

田・鄉部二百石、司空二百五十石。中司馬、郡司馬、騎司馬、中輕車司馬、備盜賊、關中司馬□□關司

⧄

とある。ここにみえる「中」の範囲がどこまでを指しているのか、また内史と郡守の職掌がどこまで重なるのかなどは明確ではないが、[7]このような「中」と郡との区別、さらにその各々に属する県・道の上級官としての郡守と内史の並列が散見される。

また、秩律（四四〇～四四一）

●御史大夫、廷尉、内史、典客、中尉、車騎尉、大僕、長信詹事、少府令、備塞都尉、郡守・尉、衛〈衛〉将軍、衛〈衛〉尉、漢／中大夫令、漢郎中、奉常、秩各二千石。御史・丞相・相國長史、秩各千石。

には「漢」の中大夫令・郎中（令）がみえ、津關令（五二〇）・（五二一）・（五二二）

廿二　丞相上魯御史書言。魯侯居長安。請。得買馬關中。●丞相・御史以聞。制曰、可。

廿二　丞相が魯の御史の書を上奏して言う。「魯侯は長安に本貫がある。請う。馬を關中に買うことができることを」と。●丞相・御史が奏上する。制す。「可」。

●丞相上魯御史書、請。魯中大夫謁者得私買馬關中。魯御史爲書告津關、它如令。●丞相・御史以聞。制曰、可。

●丞相が魯の御史の書を上奏して、請う。「魯の中大夫の謁者は私用で馬を關中に買うことができる。魯の御史は書を作成して津關に申告し、他は令の規定どおりとすることを」と。●丞相・御史が奏上する。制す。「可」。

●丞相上魯御史書、請。魯郎中自給馬騎、得買馬關中。魯御史爲傳、它如令。●丞相・御史以聞。制曰、可。

●丞相が魯の御史の書を上奏して、請う。「魯の郎中が騎乗する馬を自弁するときは、その馬を關中で買うことができる。魯の御史は傳を作成して、他は令の規定どおりとすることを」と。●丞相・御史が奏上する。制す。「可」。

には、「漢」の官と区別された諸侯国（魯国）の官がみえる。ここから、行政区域を概観すれば、内史の管轄する区域と思われる「中」と、郡守の管轄する通常の郡、さらに諸侯王国とに区分される。

また、注目すべき点として『二年律令』津關令では、馬や黄金のやりとりにおいて厳格な津關の「中」と外との区分がなされている。その冒頭の簡（四八八〜四九一）に

一　御史言。越塞闌關、論未有令。●請。闌出入塞之津關、黥爲城旦舂。越塞、斬左止（趾）爲城旦。……●制曰、可。

一　御史が言う「塞を越えて關を不法に出入するものについて。論断する場合の令がいまだない。●請う。不法に塞の津關を出入するものは、黥城旦舂とする。塞を越えるものは、斬左趾城旦とする。……」と。●制す。「可」。

とある。津關令は津・關の不法出入に関する法令作成についての御史大夫の奏上と、それに対する皇帝の執行命令をその典型的な形式としている。律の前段階の「令」として『二年律令』に収録されているという状況から、津關令に記された個々の令文は、当該期に必要となった事象について規定が立案され制定に至った事実を示している[8]。

次に、津關令にみえる区分を、具体的にみてみよう。同（四九二）に

二　制詔御史。其令（命）扜關・鄖關・武關・函谷【關】・臨晉關、及諸其塞之河津。禁毋出黄金・諸奠黄金器及銅。有犯令／

二　御史に制詔する。「扜關・鄖關・武關・函谷關・臨晉關、およびもろもろのそれらの塞の河津に命令する。許可なく黄金やもろもろの黄金を象嵌した器物および銅を持ち出してはならない。この禁令を犯すことが有れば……」と。

とあり、「關中」と「關外」を区分するラインが形成され、そのライン上には五つの關が設置されていた。この令は黄金などの持ち出し禁止規定である。また、黄金のほかにも、特筆されるべき馬の出入については

關中で私的に購買して關外へ持ち出すことを禁じる規定が設けられ、公用であっても厳格な規制・手続きと審査が課せられていた。この馬の出入については、津關令の令文一八条のうち八条がそれに関連していて、特に大きな関心が払われていたことが分かる。[9] 例えば、前掲津關令（五二〇）・（五二一）・（五二二）の他にも、同（五〇六・五〇七・五一〇・五一一）

☐議。禁民毋得私買馬以出扜關・鄖關・函谷【關】・武關及諸河塞津關。其買騎・輕車馬、吏乘置・傳馬者、縣各以所買／名・匹數告買所内史・郡守。内史・郡守各以馬所補名爲久久馬、爲致告津關。津關謹以藉（籍）・久案閲、出。諸乘私馬入而復以出、若出而當復入者、／津關謹以傳案出入之。詐僞出馬、馬當復入不復入、皆以馬賈（價）訛過平令論。及賞捕・告者。津關吏卒・吏卒乘塞者智（知）、弗告・劾、／與同罪。弗智（知）、皆贖耐。●御史以聞。制曰、可。

……議す。「許可なく民が私的に馬を（關中で）買って扜關・鄖關・函谷關・武關およびすべての河塞や津關を出ることはできない。（關中の県が）騎馬・軽車の馬や吏が利用する廏舎・傳舎の馬を買う場合は、關外にある各県馬を買った場所の名と頭数を買った場所のある内史・郡守（關中）に申告する。内史・郡守はそれぞれ馬が補充される県の部署の名の焼印を作成して馬に焼印し、致（許可書）を作成して津關に申告し、津關は厳正に馬の籍と焼印とを点検して照査し、出關させる。私馬に乗って入關し再び出るとき、もしくは出關して再び入るべき馬は津關が厳正に傳を点検して出入させる。不正に馬を出したとき、關内に戻すべき馬を戻さないときは、いずれも馬價訛過平令を適用して論断する。それらを捕えたり告発した者を褒賞する。津關の吏卒・塞を守る吏卒で不正に馬を出入したことを知っていて、告発・弾劾しなかった場合は、同罪とする。知らなかった場合は、いずれも贖耐とすることを」と。●御史が奏上する。制す。「可」。

また、同（五一三〜五一五）

十五　相國・御史請。郎騎家在關外、騎馬節（即）死、得買馬關中人一匹以補。郎中爲致告買所縣・道。縣・道官聽、爲質告居縣、受數而籍書馬／職（識）物・齒・高、上郎中。節（即）歸休・繇（徭）使、郎中爲傳出津關。馬死、死所縣・道官診上。其詐（詐）貿易馬及僞診、皆以詐（詐）僞出馬令論。其／不得買及馬老病不可用、自言郎中、郎中案視、爲致告關中縣・道官、賣更買。●制曰、可。

十五　相國・御史が請う。「郎騎で家が關外に在る者は、もし騎馬が死んだ場合、關中で一人につき馬一頭を買い、それによって補充することができる。郎中令は致を作成して買所の県・道に報告する。県官・道官は受理し、質（わりふ）を作成して郎騎の本貫の県に報告し、名籍を確認し馬の標識・年齢・体高を登録し、郎中令に上書する。もし歸休や徭使の場合は、郎中令が傳を作成してそれによって津關を出關させる。その際に馬が死ねば、死んだ所の県官・道官が検分して（郎中令に）上書する。不正に自分の馬を（死んだ）馬と交換して、死んだものとした者や不正に検死をした者は、いずれも詐僞出馬令でもって論断する。馬を買うことができない場合や馬が老いたり病気で使用することができない場合は、自ら郎中令に申告し、郎中令は点検し、致を作成し關中の県官・道官に報告し、買い換えることを（許さんことを）」と。●制す。「可」。

とある。これらの令文から、漢代初期の段階において、津關のラインで区分される「關中」と關外という境域と、その出入について法令整備の必要性が生じていたことがみてとれる。さらに、津關令（五〇六・五〇七・五一〇・五一二）からは、ここの「關中」が従来いわれている範囲（そもそも諸説はあるが）よりも広大な地域をさしていたことが確認できる。[10]ここで、『二年律令』秩律所載の県を、漢王朝直轄のそれと考えると『二年律令』に描き出された漢代初期の状況は、「五關」を結ぶラインの内側（西）に秦の故地とその後背地を含む根拠地としての「關中」を設定し、その外側（東）に（三河を中心とした）緩衝地帯ともいうべき直轄郡を設け、さらにその外に諸侯王国が存在するという、東西にかけて大きく三分された状況であったことがあらためて確認できる。[11]これに対し、統一秦までの状況を伝える『睡虎地秦簡』などにおいてはこのような東西の区分はみられないことから、秦代は万里の長城という境界以南の地域においては一律支配を企図していたことが想定される。[12]ここに秦と漢における統治構造、統治形態のちがいをみることができるものと考える。なお、章末に地図を付し、万里の長城とともに、「五關」のラインと秩律所載の県の分布を示したので参照されたい。

如上の漢代初期の三区分された状況下における、諸侯王国との往来に関する規定としては、賊律（一～二）

以城邑・亭鄣反、降諸侯、及守乘城・亭鄣、諸侯人來攻盜、不堅守而棄去之若降之、及謀反者、皆／要（腰）斬。其父母・妻子・同産、無少長皆棄市。其坐謀反者、能偏（徧）捕、若先告吏、皆除坐者罪。

城邑や亭鄣を拠点として反乱する、諸侯国に投降する、または城・亭鄣を守っていて諸侯国の者が侵略や掠奪をしてきたとき、堅守しないで城・亭鄣を棄てる、または諸侯国に降る、または反乱を企てた者は、皆な腰斬とする。その父母・妻子・同産（兄弟姉妹）は、年齢に関係なく皆な棄市とする。反乱を企てた者の連坐対象者が、（近親者で）反乱を企てた者すべてを逮捕する、あるいは先に官吏に告発すれば、連坐対象者の罪は問わない。

同（三）

□來誘及爲閒者、磔。亡之□

……（他国から）入国し（人を他国に）誘い亡命を促す、または間諜を行う者は、磔とする。亡之……

捕律（一五〇～一五一）

捕從諸侯來爲閒者一人、捧（拜）爵一級、有（又）購二萬錢。不當捧（拜）爵者、級賜萬錢、有（又）行其購。數人共捕罪人而當購・賞、欲／相移者、許之。

諸侯国から入国し間諜を行う者一人を捕らえた場合は、爵一級を賜与し、そのうえで二万銭を褒賞する。賜爵の対象者でない場合は、爵一級につき一万銭を賜与し、そのうえで（二万銭を）褒賞する。数人が共にこれら罪人を捕らえて賜爵・褒賞にあたる場合で、互いに賜爵・褒賞を移譲しようとするときは、これを許可する。

とある。これらの条文は戦国時代以来の対立のなごりと考えられるが、漢初における諸侯王国との関係をも垣間見せるものである。また『奏讞書』文書三（一七～二七）に、ある齊田氏女子の長安への徙民に関する高祖一〇年［前一九七］の案例があり、そこには「從諸侯來誘」や「亡之諸侯」、すなわち諸侯王国への許可なき移動・逃亡を禁止する語がみえる。[13] なお、ここから前掲賊律（三）は「⧄【從諸侯】來誘及爲閒者、磔。亡之【諸侯】⧄」と前後にそれぞれ【 】内の語を補うことができる。[14] これらの条文などにみえるように、諸侯国との人の往来や諜報活動、さらには防衛に関して最上級ともいえる罰則と褒賞をもって規定しており、また『奏讞書』の例から、少なくとも高祖一〇年［前一九七］の段階では、こうした諸侯王国との対立関係についての規定は、死文とはなっていない。

3 「郡国制」の位置付けについて

なお、前節の議論に関わる漢初における漢朝と諸侯王国との関係、あるいは郡国制に関して、『二年律令』の公表以降、以下の諸見解が提出されている。

臧知非氏は、前節でも触れた『二年律令』の条文より、①津關令にみえる馬の管理、②人口流出抑制、③黄金の管理、④賊律の「降諸侯」「諸侯人來攻盜」と捕律の「從諸侯來爲閒」の語から、漢初における諸侯王国との緊張関係を見て取り、呉楚七国の乱以前において漢朝と諸侯王国とは国と国との関係に等しいことを説く。[15]

また、陳蘇鎮氏は、『二年律令』秩律にみえる「漢中大夫令」「漢郎中」といった表記、及び裁判手続規定や「奏讞」が漢朝直轄の郡県のもののみで、王国のものがみえないことから、その独立性を評価し、王国に大きな裁量権がある、すなわち漢朝の法に従うも、決定権は諸侯王にあったとする。[16]

これらに対し、宮宅潔氏は、臧知非氏の想定する「不断の緊張関係」について「違和感」を表明する。津關令そのものの制定は呂后期まで降り、同姓諸侯王を封建した後も諸侯王抑損策は継続していたと位置付け、その一方で、津關令は匈奴対策の一環としての側面をもち、關中における軍馬の確保を目的としていたとする。そして、文帝十二年〔前一六八〕の「除關」の後から、景帝四年〔前一五三〕の再置關に至るまで、馬の出關規制が行われたことに着目し、この十五年間に、諸侯王国が健在であるにもかかわらず、こうしたいわゆる規制緩和がなされていたことを理由として、文帝期においては、他の優先されるべき課題である刑制改革が存在していたことを指摘する。そして、『二年律令』における漢朝と諸侯王国間におけるヒト・モノの移動の規制と諸侯王国独自の統治について、一定の緊張関係を有するも直轄化が至上命題であったかどうかは疑問であるとする。[17]

また、杉村伸二氏は、先にみた『二年律令』賊律などの律文について、「諸侯国」と軍事的に対立していた戦国期のものの援用であるとし、漢朝と諸侯王国との不断の緊張関係はなく、諸侯王国内では漢朝の制度（行書・王の妻妾などの称）を用いていたことを重視する。そして、郡国制について、それが郡県制との妥協の産物ではなく、漢初における諸侯王国を含めた国制整備の一環であったとして評価している。[18]

国制という観点からは、阿部幸信氏が、文献史料を再検討することにより、漢初の中央と諸侯王国との関係について、諸侯王国は漢の「外」にあって、漢と共に「天下を共有する体制」と位置付け、これを「郡国制」と称することは誤解を招くと提言する。[19]

これに対し、高村武幸氏は、漢中央と諸侯王国とでは漢が上位であり、漢初でも漢中央は、諸侯王国が漢の制度を用いるよう干渉をしている点から、阿部氏のいう「天下を共有する体制」は、ゆるやかではあるが一つのまとまりのある「国家」の体制とするべきであり、その限りにおいて「国内」統治制度として、この「郡国制」をとらえるべきであるとする。[20]

このように、漢朝と諸侯王国との関係については、相違する見解が提出されている。ただ、『二年律令』からうかがう漢初の状況において、両者を同一の「国家」としてみなす見解には同意を躊躇せざるを得ず、やはり、相当な緊張関係があったとするべきであろう。無論、それを戦国期と同等の緊張関係とすることはできないが、当該期に津關令を制定して馬匹や黄金の出入についてあらためて厳格に規定している点や、旧六国の地の勢力を匈奴と同等の懸案とすべき存在と考えていた事例なども、それを裏付けていると考えられよう。そして、当然のことながら郡県制・郡国制は、そのどちらも当時の情勢に即さざるを得ず、漢初においては、ただちに直轄化を行う意図や可能性のない状況ではあったが、漢成立より行われる諸侯王国の抑損や徙民政策などからは、漸次そこに向かう意志があったとすべきではないだろうか。したがって、やはり郡国制は、諸勢力分立状況下での一時的な妥協策であったとみるのが適当であるように思う。

おわりに

本章では、張家山漢簡などをもちいて、前漢前半期において専制権力の領域統治の基盤となる「首都圏」の形成過程について検討した。統一秦においては、万里の長城のみが境界となり、それによって区分された秦国内の領域に対して郡県制的統治を企図したが、前漢初期においては長城以南においてもその支配の濃淡によって境域の区分がなされた。それは、首都長安を中心とする統一前の秦の領域とほぼ重なる。境界には「五關」を置いて黄金や馬匹などの貴重品の出入に厳格な規定を行って堅持すべき「關中」と、關外ではあるが直轄統治の対象となる郡県地域、そして、五關外の郡県地域をいわば緩衝地帯として、その外側に位置する諸侯国であった。当該期の諸侯国は、支配対象となる直轄地の一般民の出入（「亡」ともかかわる）について大きな注意を払い、戦国時代を想起させる規定もみえる仮想敵国としての一面もあった。あわせて、近年の漢初の漢王朝と諸侯国をめぐる研究についての卑見を提示した。次章ではこれらの検討結果を踏まえて、前漢初期に形成された「首都圏」と、郡県・諸侯国との関係の変容、またその変容の意味するところについて考察を行う。

注

1 冨田健之「前漢武帝期以降における政治構造の一考察―いわゆる内朝の理解をめぐって」（『九州大学東洋史論集』九、一九八一）をはじめとした冨田氏の一連の内朝をめぐる研究や、藤田高夫「前漢後半期の外戚と官僚機構」（『東洋史研究』四八-四、一九九〇）、保科季子「前漢後半期における儒家礼制の受容」（『歴史と方法 三 方法としての丸山眞男』青木書店、一九九八）など。

2 拙稿「前漢後半期における皇帝制度と社会構造の変質」（『専修史学』四二、二〇〇七。本書、第五章に改稿して所収）。

3 前漢の首都長安の形成と、「首都圏」といえる關中・内史・三輔をめぐっては多くの研究がある。本章の作成にあたって、参考にした論考を以下に列挙すると、宇都宮清吉「西漢の首都長安」（一九五二初出、『漢代社会経済史研究 補訂版』弘文堂書房、一九六七）、大櫛敦弘「漢代三輔制度の形成」（池田温編『中国礼法と日本律令制』一九九二）、同「前漢「畿輔」制度の展開」（牧野修二ほか『出土文物による中国古代社会の地域的研究（平成二・三年度科学研究費補助金一般研究（B）研究成果報告書）』一九九二）、同「秦代国家の統一支配」（間瀬收芳ほか『『史記』『漢書』の再検討と古代社会の地域的研究（平成五年度科学研究費補助金一般研究（B）研究成果報告書）』一九九四）、同「統一前夜―戦国後期の「国際」秩序」（『名古屋大学東洋史研究報告』一九、一九九五）、同「関中・三輔・関西―関所と秦漢統一国家」（『海南史学』三五、一九九七）、同「秦および漢初の統一国家体制に関する一考察」（『東方学会創立五十周年記念 東方学論集』東方学会、一九九七）、同「秦邦―雲夢睡虎地秦簡より見た統一前夜」（松丸道雄編『論集 中国古代の文字と文化』汲古書院、一九九九）、同「中国「畿内制度」の形成に関する一考察」（『西嶋定生博士追悼論文集 東アジア史の展開と日本』山川出版社、二〇〇〇）、鎌田重雄「漢代の三輔について」（『秦漢政治制度の研究』日本学術振興会、一九六二所収）、木村正雄「前漢時代に於ける関中の経営」（『史潮』三〇、一九三九）、同『中国古代帝国の形成 新訂版』（比較文化研究所、二〇〇三所収）、工藤元男「秦の内史―主として睡虎地秦墓竹簡による」（『史学雑誌』九〇-三、一九八一）重近啓樹「秦の内史をめぐる諸問題」（一九九五初出、『秦漢税役体制の研究』汲古書院、一九九九所収）、曽我部静雄「日中の畿内制度」（一九六四初出、『律令を中心とした日中関係史の研究』吉川弘文館、一九六八所収）、藤田勝久「秦漢帝国の成立と秦・楚の社会」（二〇〇三初出、『中国古代国家と郡県社会』汲古書院、二〇〇五所収）、村松弘一「中国古代関中平原の都市と環境—咸陽から長安へ—」（『史潮』四六、一九九九）、森谷一樹「『二年律令』にみえる内史について」（冨谷至編『江陵張家山二四七號墓出土漢律令の研究 論考篇』朋友書店、二〇〇六）などがある。特に大櫛氏の一連の研究はこの問題を考えるうえで必須であり、本章と次章においても多くの示唆を得た。

4 『史記』高祖本紀（漢元年［前二〇六］正月、項羽自立爲西楚霸王、王梁・楚地九郡、都彭城。負約、更立沛公爲漢王、王巴・蜀・漢中、都南鄭。三分關中、立秦三將。章邯爲雍王、都廢丘。司馬欣爲塞王、都櫟陽。董翳爲翟王、都高奴。楚將瑕丘申陽爲河南王、都洛陽。趙將司馬卬爲殷王、都朝歌。趙王歇徙王代。趙相張耳爲常山王、都襄國。當陽君黥布爲九江王、都六。懷王柱國共敖爲臨江王、都江陵。番君呉芮爲衡山王、都邾。

5 『史記』高祖本紀（漢五年［前二〇二］正月、諸侯及將相相與共請尊漢王爲皇帝。漢王曰「吾聞帝賢者有也、空言虛語、非所守也、吾不敢當帝位。」羣臣皆曰「大王起微細、誅暴逆、平定四海、有功者輒裂地而封爲王侯。大王不尊號、皆疑不信。臣等以死守之。」漢王三讓、不得已、曰「諸君必以爲便、便國家。」甲午、乃即皇帝位氾水之陽。皇帝曰義帝無後。齊王韓信習楚風俗、徙爲楚王、都下邳。立建成侯彭越爲梁王、都定陶。故韓王信爲韓王、都陽翟。徙衡山王呉芮爲長沙王、都臨湘。番君之將梅鋗有功、從入武關、故德番君。淮南王布・燕王臧荼・趙王敖皆如故。天下大定。高祖都雒陽、諸侯皆臣屬。

6 テキストとして、張家山二四七号漢墓竹簡整理小組編『張家山漢墓竹簡〔二四七号墓〕』（文物出版社、二〇〇一）、同整理小組編『張家山漢墓竹簡〔二四七号墓〕釋文修訂本』（文物出版社、二〇〇六）、彭浩・陳偉・工藤元男主編『二年律令與奏讞書—張家山二四七號漢墓出土法律文獻釋讀』（上海古籍出版社、二〇〇七）がある。以下、引用する際の釈文は、専修大学『二年律令』研究会「張家山漢簡『二年律令』訳注（一）～（一四）」（『専修史学』三五～四八、二〇〇三～二〇一〇）に従う。以下「訳注」と略称。（ ）内は簡番号を表す。また、訳文についても「訳注」を参照した。

7 内史について、前掲注3工藤、重近、森谷論文を参照。

8 なお、置吏律（二一九～二二〇）には「縣道官有請而當爲律令者、各請屬所二千石官。二千石官上相國・御史、相國・御史案致、當請、請之。毋得徑請。徑請者、罰金四兩。」とあり、単行法令の成立に至る流れとして、県・道官による「請」、二千石官（郡守・内史）による「上」、相國・御史大夫による皇帝への「請」が見て取れる。

9 前掲注6「訳注（一二）」（『専修史学』四六、二〇〇九）一七八頁、注①参照。

10 王子今「秦漢区域地理学的〝大關中〟概念」（中国秦漢史研究会『秦漢史論叢 第九輯』三秦出版社、二〇〇四）。

11 前掲注3藤田勝久「秦漢帝国の成立と秦・楚の社会」、同「張家山漢簡「秩律」と漢王朝の領域」（『愛媛大学法文学部論集 人文学科編』二八、二〇一〇）。

12 なお、大櫛敦弘氏は前掲注3「秦邦―雲夢睡虎地秦簡より見た統一前夜」などにおいて、秦においても分割統治を行っていたとの見解を示す。また、同「三川郡のまもり―「秦代国家の統一支配」補論」（『人文科学研究』一五、二〇〇九）において、統一秦の三川郡が關中の「防波堤」と「橋頭堡」の役割を担っていたことを指摘する。

13 『奏讞書』（一七～二七）「●十年七月辛卯朔癸巳、胡狀・丞憙敢讞（讞）之。刻（劾）曰、臨菑（淄）獄史闌令女子南冠繳（縞）冠、詳（佯）病臥車中、襲／大夫虞傳、以闌出關。●今闌曰、南齊國族田氏、徙處長安、闌送行、取（娶）爲妻、與偕歸臨菑（淄）、未／出關得、它如刻（劾）。●南言如刻（劾）及闌。●詰闌、闌非當得取（娶）南爲妻也、而取（娶）以爲妻、與偕歸臨菑（淄）、／是闌來誘及奸、南亡之諸侯、闌匿之也、何解。闌曰、來送南而取（娶）爲妻、非來誘也。吏以爲奸／及匿南、罪、毋解。●詰闌、律所以禁從諸侯來誘者、令它國毋得取（娶）它國人也。闌雖／不故來、而實誘漢民之齊國、即從諸侯來誘也、何解。闌曰、罪、毋解。●問、如辤（辭）。●鞫、／闌送南、取（娶）以爲妻、與偕歸臨菑（淄）、未出關、得、審。疑闌罪、毄（繫）、它縣論、敢讞（讞）之。●人婢清／助趙邯鄲城、已即亡從兄趙地、以亡之諸侯論。今闌來送徙者、即誘南。●吏議、闌與清／同類、當以從諸侯來誘論。●或曰、當以奸及匿黥舂罪論。／十年八月庚申朔癸亥、大（太）僕不害行廷尉事、謂胡嗇夫、讞（讞）獄史闌、讞（讞）固有審、廷以聞、闌／當黥爲城旦、它如律令」釈文は前掲注6『二年律令與奏讞書』による。

14 宮宅潔「「二年律令」研究の射程」（二〇〇六初出、『中国古代刑制の研究』京都大学学術出版会、二〇一一初収）。

15 臧知非「張家山漢簡所見漢初中央與諸侯王國關係論略」（『陝西歴史博物館館刊』一〇、二〇〇三）。

16 陳蘇鎮「漢初王国制度考述」（『中国史研究』二〇〇四年第三期）。

17 前掲注14参照。

18 杉村伸二「二年律令より見た漢初の漢朝と諸侯王国」（冨谷至編『江陵張家山二四七號墓出土漢律令の研究 論考篇』朋友書店、二〇〇六）。

19 阿部幸信「漢初「郡国制」再考」（『日本秦漢史学会会報』九、二〇〇八）。

20 高村武幸「日本における近十年の秦漢国制史研究の動向」（『中国史学』一八、二〇〇八）。

地図【二年律令にみえる「五關」と万里の長城】

〔凡例〕

一、この地図は「訳注（一一）」・「訳注（一二）」（『専修史学』四五～四六、二〇〇八～二〇〇九）所載の地図【秩律にみえる縣道図】・【津關令にみえる河塞津關図】（担当小野恭一）をもとに作成したものである。

一、本地図内の数字は、「訳注（一一）」（『専修史学』四五、二〇〇八）の【秩律にみえる縣道表】に付されている番号と対応する。

一、■は令秩千石の県、○は令秩八百石の県、●は令秩六百石の県、▲は長秩五百石の道をそれぞれ表す。

一、×Aは扜關、×Bは鄖關、×Cは武關、×Dは函谷關、×Eは臨晉關、×Fは陝津をそれぞれ表す。

一、┄┄　「五關」を結んだラインを表す。

一、━━　一般の郡県（漢朝直轄地）と諸侯王国との境界を表す。

一、⊓⊔⊓⊔　長城（統一秦～漢代初期）を表す。譚其驤主編『中国歴史地図集』第二冊（中国地図出版社、一九八二）を参考にした。

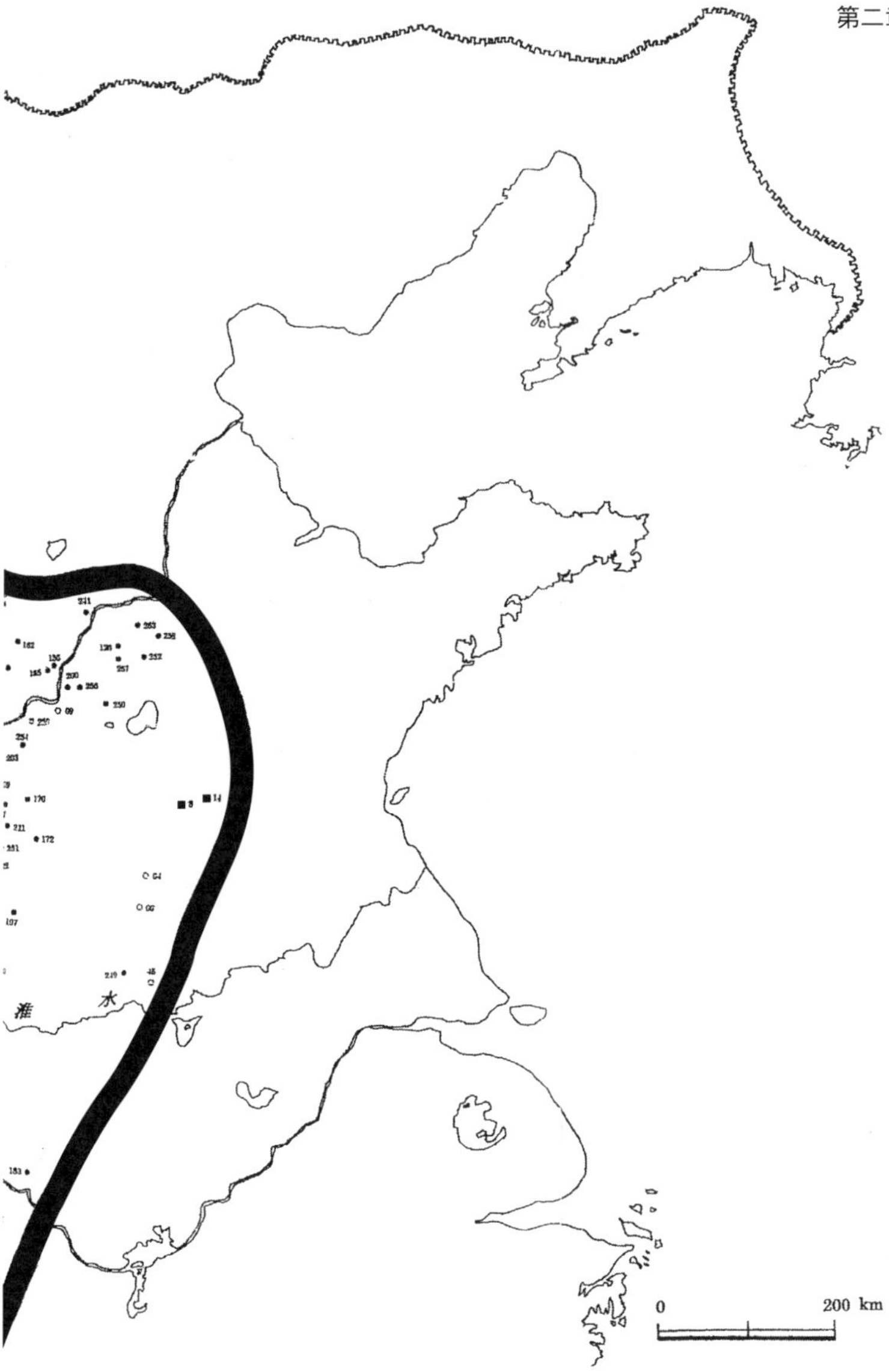

地図　二年律令にみえる「五關」と万里の長城

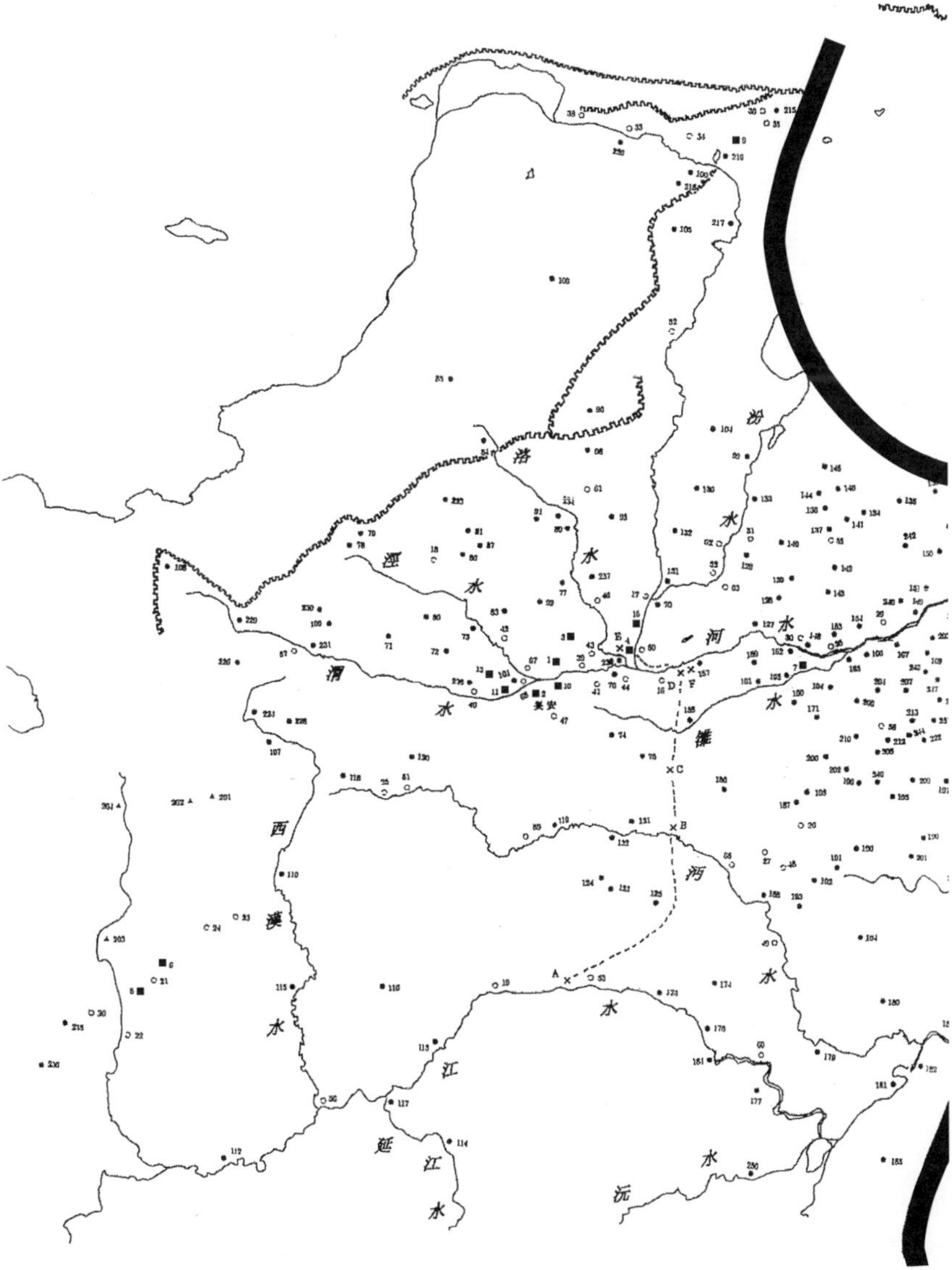
汾水
洛水
涇水
渭水
河水
雒水
長安
西漢水
沔水
江水
延江水
沅水

第三章　前漢代における「首都圏」の展開

はじめに

本章では、前章での考察を受けて、前漢中期から後期における、「首都圏」の変遷と直轄統治としての郡県制的支配の全国展開についての検討を行い、同様に郡県制支配をとった秦や、前漢前半期との相違を検討する。前章でも付言したように、前漢後半期においては、①賜与と賑恤、②瑞祥の頻発、③儒教「国教化」、④酷吏から循吏へ、⑤礼制改革、⑥帝陵徙民廃止、⑦里社の変容、⑧豪族の成長、といった面での変容・論点が指摘できる。本章では主に⑥について検討し、併せて④と⑤についても、行論にかかわる点で私見を述べ、前漢の領域統治において、もっとも重要な区域といえる「首都圏」をめぐる政策の変遷を辿ることにより、前漢後半期における統治制度の変質についてあらためて考察を行う。

一　「首都圏」の確立［〜宣帝期］

1　三輔の形成

前漢後半期の昭帝始元六年［前八一］に塩鉄会議が行われた。その前年に民間から賢良・文学が召集される際、『漢書』昭帝紀に

詔曰「……其令三輔・太常舉賢良各二人、郡國文學高第各一人。……」

詔に言う「……三輔・太常には賢良それぞれ二人、郡国には文学と高第それぞれ一人を推挙させる。……」

とあるように、三輔・太常と郡国との区分がみられる。そして、以後この併記は、後述の如く太常に統属していた陵邑が元帝期に三輔に移管される時期までを中心として、『漢書』に散見されることとなる。これを『二年律令』の段階と比較すれば、昭帝期においては、前章でみた漢初における「關中」の如く、狭義の関中である渭水盆地の「三輔・太常」が一般郡国と区別された地域として意識されていることがわかる。[1] 当該期においては、この三輔と太常がいわば首都圏として機能するのである。

なお、三輔は首都長安を中心とした行政区域として武帝期に形成されるが、そこに至る変遷としては、周知のように『漢書』百官公卿表と地理志とで年代の記載に矛盾がある。『漢書』百官公卿表上に

内史、周官、秦因之、掌治京師。景帝二年分置左［右］内史。右内史武帝太初元年更名京兆尹……。左内史更名左馮翊……。

とあり、また、

主爵中尉、秦官、掌列侯。景帝中六年更名都尉、武帝太初元年更名右扶風、治内史右地。……與左馮翊・京兆尹是爲三輔、皆有兩丞。列侯更屬大鴻臚。元鼎四年更置（二）〔三〕輔都尉・都尉丞各一人。

とある。これを整理すると、

景帝前二年〔前一五五〕　内史　⇓　左内史・右内史
景帝中六年〔前一四四〕　主爵中尉　⇓　主爵都尉
武帝太初元年〔前一〇四〕　右内史　⇓　京兆尹
　　左内史　⇓　左馮翊
　　主爵都尉　⇓　右扶風

となる。また『同』地理志上原注には

京兆尹〈故秦内史、高帝元年屬塞國、二年更爲渭南郡、九年罷、復爲内史。武帝建元六年分爲右内史、太初元年更爲京兆尹。〉
左馮翊〈故秦内史、高帝元年屬塞國、二年更名河上郡、九年罷、復爲内史。武帝建元六年分爲左内史、太初元年更名左馮翊。〉
右扶風〈故秦内史、高帝元年屬雍國、二年更爲中地郡。九年罷、復爲内史。武帝建元六年分爲右内史、太初元年更名主爵都尉爲右扶風。〉

とあって、高帝九年〔前一九八〕に、いずれも再び内史とされた後の推移は

武帝建元六年〔前一三五〕　内史　⇓　左内史・右内史

武帝太初元年　右内史　⇓　右扶風・京兆尹

左内史　⇓　左馮翊

となる。この矛盾について、百官公卿表と地理志の差異は官制と行政区域の差異と考えられ[2]、この差異を考慮に入れてその変遷を追うと、前一五五年に官制上、内史が左右に分けられ（行政区分上は同一区域を両官で管掌か）、前一三五年に行政区分上も、内史は左右に分化する。そして、前一〇四年に至り左内史は更名してそのまま左馮翊を管掌するも、右内史は行政区分上、京兆尹と右扶風に分けられ、官制上の右内史は更名して京兆尹を管掌し、それまで行政区域を管掌していなかった主爵都尉（前一四四年に主爵中尉から更名）が右扶風を管掌することとなったものと理解されよう。

2　帝陵徙民政策の展開

次に、三輔と併記される太常は、『漢書』百官公卿表上に

奉常、秦官、掌宗廟禮儀、有丞。景帝中六年〔前一四四〕更名太常。……又博士及諸陵縣皆屬焉。……

元帝永光元年〔前四三〕分諸陵邑屬三輔。……。

とあるように、九卿の筆頭に置かれ帝室儀礼などをその職掌とするとともに、皇帝陵に設置された県を元帝期まで統属させていた。この陵県（陵邑）について、『漢書』地理志下に

漢興、立都長安、徙齊諸田、楚昭・屈・景及諸功臣家於長陵。後世世徙吏二千石・高訾富人及豪桀并兼

之家於諸陵。蓋亦以彊幹弱支、非獨爲奉山園也。是故五方雜厝、風俗不純。其世家則好禮文、富人則商賈爲利、豪桀則游俠通姦。瀕南山、近夏陽、多阻險輕薄、易爲盜賊、常爲天下劇。又郡國輻湊、浮食者多、民去本就末、列侯貴人車服僭上、衆庶放效、羞不相及、嫁娶尤崇侈靡、送死過度。

漢が興ると、都を長安とし、齊の諸田氏、楚の昭氏・屈氏・景氏及び諸功臣の家を長陵に移住させた。後に代々二千石の吏や資産家や富人及び豪桀や并兼の家を諸陵に移住させた。これは強幹弱支のためであり、ただ山園を奉ずるためだけではないだろう。このため五方の風俗が入り混じり雑然としていた。その中で世家は礼や文を好み、富人は商売で利益をあげ、豪桀は游侠として姦に通じた。終南山のほとり、夏陽の近くであり、険阻な地が多く、人は軽薄で、盗賊を行いやすく、常に天下の劇となっていた。また郡国が輻湊して、浮食の者が多く、民は本業を去って末業に就き、列侯や貴人は車服が僭上であり、衆庶もそれに倣って、互いに及ばないことを恥じ、婚礼はもっとも奢侈を尊び、葬礼も度を越えていた。

とあり、前章で掲げた劉敬の献策にもみえるように、東方からの徙民の受け入れ先、「首都圏」における人口集積地として機能しているのである[3]。それぞれの陵邑への徙民については章末の（表4）を参照されたい。

劉慶柱・李毓芳両氏によれば、陵邑の分類は、①帝陵（高祖長陵～宣帝杜陵）が七、②先帝に合葬されていない皇帝の母（文帝母南陵・昭帝母雲陵）が二、③死亡時に帝陵の礼儀をもって葬られていない、皇帝の父母（高祖父太上皇陵・宣帝父母奉明園）が二となり、計一一が数えられる[4]。また、高祖の母である昭霊夫人の黄鄉（小黄）も、『二年律令』秩律（四六五～四六六簡）において太上皇の萬年邑とともに併記されることから、三輔外ではあるがこれに含めることができよう。[5] また、この中でも①の七つの帝陵が当然のことながら大規模な人口を抱えていた。

陵邑の位置づけについては、前章で掲げた劉敬策などにみえる、関中・帝陵への徙民政策による「強幹弱枝」と匈奴の軍事的脅威に対する防備。楊寛氏による、居住区が限られていた長安の「遠郭」[6] 劉慶柱・李毓芳両氏や村元健一氏の、皇帝の代替わりの際に高官が先代の陵邑から初陵へ移住することによる、皇帝権の可視的表象[7]などがある。なお、人口集積地としての機能に関して、三輔における陵邑の人口について、地理志上所載（元始二年〔後二〕）の戸口数を、その比較対象として他の戸数記載のある県とともにまとめたものが章末の（表5）である。戸数・口数ともに茂陵は右扶風の約三〇パーセント、長陵は左馮翊の約二〇パーセント前後をそれぞれ占めていることがわかる。また、長陵・茂陵の戸口からの類推が許されるのであれば、仮に他の五帝陵が長陵・茂陵の半数ほどの三万戸・十万口であったとしても、七陵は三輔における戸数・口数の四〇パーセント前後を占め（表5の「仮定七陵」）、さらにそれに長安をも含めると実に五〇パーセント前後に達する。三輔の人的資源の確保において、陵邑と徙民政策がいかに大きな位置を占めていたかが理解されよう。

3　三輔と酷吏

また、三輔における特徴的な事例として酷吏の重用が挙げられる。三輔を主たる舞台として強力な統制を企図した彼ら酷吏の政策は、武帝期の社会の反映と、それに対する政権の統治意志を象徴するものといえる[8]。章末の（表6）で示したようにその出身と任官をみると、その半数以上が三輔と三河（後の司隷部）の出身であり、まず郡守・郡尉という地方官としての治績を挙げ、三輔の長官や廷尉・中尉となるといった典型例が見て取れる。ここから、また武帝期における酷吏による三輔制の確保・堅持という意志がうかがえよう。

しかし、武帝期以降、特に宣帝期に至ると酷吏は循吏にその活躍の場を奪われていくこととなる。『漢書』酷吏伝・嚴延年に

　後左馮翊缺、上欲徵延年、符已發、爲其名酷復止。

　後に左馮翊が欠員になった際、宣帝は延年を徵そうとし、符節もすでに発したが、その酷吏としての世評のため取り止めた。

とあり、宣帝期に嚴延年が河南太守に至るも、酷吏であることを理由に三輔の長官の就任を退けられた。このことは、彼が軽視した（「延年素輕黄霸爲人」）循吏の黄霸が章末の（表7）にみえるように丞相に至り、他の循吏らも九卿に任じられていることと比して象徴的である。これは、儒家思想の伸長の結果という側面も指摘できるが、何よりもその背景としての社会構造の変質に着目すべきである。ここに、武帝期に用いられた酷吏による強硬策では対処できない状況が、行政官に求められる性格の遷移として顕在化してきたものと思われる。もっとも、循吏は宣帝期に集中し、酷吏でありながら右輔都尉・執金吾に至った成帝期の尹賞の例もあることからも、この変化は紆余曲折を経て推移していくものであり、政治状況なども含めて分析する必要がある。これらの点は本章の論旨から離れるため、稿を改めて論じることとしたい。

また、『漢書』百官公卿表上に

司隷校尉、周官、武帝征和四年初置。持節、従中都官徒千二百人、捕巫蠱、督大姦猾。後罷其兵。察三輔・三河・弘農。元帝初元四年去節。成帝元延四年省。綏和二年、哀帝復置、但爲司隷、冠進賢冠、屬大司空、比司直。

とあり、武帝最末期の征和四年〔前八九〕に司隷校尉が置かれ、すくなくとも元帝初元四年〔前四五〕までに三輔・三河・弘農郡の巡察官となっている。漢初の「五關」で区分された「關中」から三輔、さらには後の司隷へと、「首都圏」としての意識がシフトしていく現れといえよう。[9]

二　前漢後半期の礼制改革〔元帝期～〕

1　郡国廟の廃止と陵邑の廃止

前章でみた、前漢における帝陵への大規模な徙民と陵邑の形成は、以後の歴代王朝では行われることはなく、中国の歴史上において特異な制度といえる。ただ、この制度は本節でみるように前漢後半期に転機を迎える。また、同時期に同じく特異な制度であった郡国廟の廃止が行われる。郡国廟とその廃止については、前漢後半期の礼制改革と儒家思想の伸長に関わる問題として注目されている。[10]本章では、これらの変化が前漢の「首都圏」と皇帝制度にとって、いかなる意味を持つのか考えてみたい。

郡国廟置廃の顛末については先行研究にて詳述されているため、本章では史料を提示するに留めるが、

『漢書』韋玄成伝に

初、高祖時、令諸侯王都皆立太上皇廟。至惠帝尊高帝廟爲太祖廟、景帝尊孝文廟爲太宗廟、行所嘗幸郡國各立太祖・太宗廟。至宣帝本始二年、復尊孝武廟爲世宗廟、行所巡狩亦立焉。凡祖宗廟在郡國六十八、合百六十七所。而京師自高祖下至宣帝、與太上皇・悼皇考各自居陵旁立廟、并爲百七十六。又園中各有寢・便殿。日祭於寢、月祭於廟、時祭於便殿。寢、日四上食。廟、歲二十五祠。便殿、歲四祠。又月一游衣冠。而昭靈后・武哀王・昭哀后・孝文太后・孝昭太后・衞思后・戾太子・戾后各有寢園、與諸帝合、凡三十所。一歲祠、上食二萬四千四百五十五、用衞士四萬五千一百二十九人、祝宰樂人萬二千一百四十七人、養犧牲卒不在數中。

初め、高祖の時、諸侯王の都にいずれも太上皇廟を建てさせた。惠帝に至ると高帝廟を尊んで太祖廟とし、景帝の時孝文廟を尊んで太宗廟とし、行幸で赴いた郡国それぞれに太祖・太宗廟を建てた。宣帝本始二年〔前七二〕に至り、また孝武廟を尊んで世宗廟とし、巡狩で赴いた所にまた立廟した。およそ祖宗廟は六十八郡国にあり、合わせて百六十七所を数える。そして、京師には高祖から宣帝に至るまでと、太上皇・悼皇考との陵旁にそれぞれ立廟し、合せて百七十六となる。また園中にはそれぞれ寢・便殿があり。日ごとに寢殿で祭り、月ごとに廟で祭り、四季ごとに便殿で祭った。寢殿は、日ごとに四回食を奉った。廟は、一年に二十五祠した。便殿は、一年に四祠した。また月ごとに一回衣冠を游行させた。そして昭霊后・武哀王・昭哀后・孝文太后・孝昭太后・衞思后・戾太子・戾后それぞれ寢園があり、諸帝と合わせて、およそ三十所を数えた。一年の祠は、食を奉ること二万四千四百五十五回、衞士を用いること四万五千一百二十九人、祝宰と楽人は一万二千一百四十七人、犠牲を養う卒は数の中に含まれない。

とあり、漢初以来のその概要と財政上の負担とが示され、続けて

至元帝時、貢禹奏言「古者天子七廟、今孝惠・孝景廟皆親盡、宜毀。及郡國廟不應古禮、宜正定」。天子是其議、未及施行而禹卒。永光四年、乃下詔先議罷郡國廟、曰「朕聞明王之御世也、遭時爲法、因事制宜。往者天下初定、遠方未賓、因嘗所親以立宗廟、蓋建威銷萌、一民之至權也。今賴天地之靈、宗廟之福、四方同軌、蠻貊貢職、久遵而不定、令疏遠卑賤共承尊祀、殆非皇天祖宗之意、朕甚懼焉。傳不云乎。『吾不與祭、如不祭』其與將軍・列侯・中二千石・二千石・諸大夫・博士・議郎議」。丞相玄成・御史大夫鄭弘・太子太傅嚴彭祖・少府歐陽地餘・諫大夫尹更始等七十人皆曰「臣聞祭、非自外至者也、繇中出、生於心也。故唯聖人爲能饗帝、孝子爲能饗親。立廟京師之居、躬親承事、四海之内各以其職來助祭、尊親之大義、五帝三王所共、不易之道也。詩云『有來雍雍、至止肅肅、相維辟公、天子穆穆』。春秋之義、父不祭於支庶之宅、君不祭於臣僕之家、王不祭於下土諸侯。臣等愚以爲宗廟在郡國、宜無修、臣請勿復修」。奏可。因罷昭靈后・武哀王・昭哀后・衞思后・戾太子・戾后園、皆不奉祠、裁置吏卒守焉。

元帝の時に至り、貢禹が奏上して「古は天子七廟であり、今孝惠・孝景廟はいずれも親が尽き、毀つべきです。また郡国廟は古礼に応じないので、正定すべきです」と言った。天子はその議を是とするも、未だ施行が及ばずに禹は卒した。永光四年〔前四〇〕、下詔してまず郡国廟の廃止を議論するにあたり、「朕は明王の治世では、時に応じて法をつくり、事に拠って適宜制したと聞いている。むかし天下が初めて定まったとき、遠方は未だ従わなかったが、かつて行幸した所に因んで宗廟を建てた、威儀を建て（反乱の）きざしを防ぐのは、民を一にする至権であろう。今は天地の霊、宗廟の福に

よって、四方は軌を同じくし、蛮貊は貢職して、従うことは久しいが定まらず、疏遠や卑賤の者にも共に尊祀を行わせていて、皇天祖宗の意に沿っておらず、朕ははなはだこれを恐懼している。『傳』に『吾れ祭に与らざれば、祭らざるが如し』とある。将軍・列侯・中二千石・二千石・諸大夫・博士・議郎はともに議せ」と言った。丞相玄成・御史大夫鄭弘・太子太傅嚴彭祖・少府歐陽地餘・諫大夫尹更始ら七十人は皆な言うに「臣聞くに祭は、外より至るものではなく、中より出で、心に生ずるものです。それゆえ唯だ聖人が帝に饗することができ、孝子は親に饗することができます。廟を京師の居に立て、自ら事を承け、四海の内でそれぞれその職をもって来りて助祭するのが、尊親の大義で、五帝三王の共にする所、不易の道です。『詩』に『和やかに来て、粛々と至り、諸侯は助祭し、天子は威儀正しくする』とあります。春秋の義では、父は支庶の宅に祭らず、君は臣僕の家に祭らず、王は下土諸侯に祭らないのです。臣らが思うに宗廟が郡国にある場合、修めるべきではなく、臣はまた修めないことを請います」奏可。これにより昭霊后・武哀王・昭哀后・衛思后・戻太子・戻后園を廃止し、いずれも奉祠せず、わずかに吏卒を置いてこれを守らせた。

とあり、郡国廟廃止の論理が述べられ昭霊后などの陵園も廃止される。また郡国廟の廃止と共に陵邑の廃止について『漢書』元帝紀に

九月戊子、罷衞思后園及戾園。冬十月乙丑、罷祖宗廟在郡國者。諸陵分屬三輔。以渭城壽陵亭部原上爲初陵。詔曰「安土重遷、黎民之性。骨肉相附、人情所願也。頃者有司緣臣子之義、奏徙郡國民以奉園陵、令百姓遠棄先祖墳墓、破業失産、親戚別離、人懷思慕之心、家有不安之意。是以東垂被虚耗之害、關中有無聊之民、非久長之策也。詩不云虖『民亦勞止、迄可小康、惠此中國、以綏四方』。今所爲初陵者、勿置縣邑、使天下咸安土樂業、亡有動搖之心。布告天下、令明知之」。又罷先后父母奉邑。

（永光四年〔前四〇〕）九月戊子、衞思后園および戻園を廃止した。冬十月乙丑、祖宗廟で郡国にあるものを廃止した。諸陵を三輔に分属させた。渭城の壽陵亭部原上に初陵を造営した。詔に言う「郷土に安らぎ移住を厭うのは、人民の性である。肉親が互いに離れないのは、人情の願うところである。さきごろ有司が臣子の義によって、郡国の民を移住させて園陵を奉じることを奏上したが、徙民は百姓に先祖の墳墓を遠く捨てさせ、生業を破り資産を失わせ、親戚を別離させ、人に思慕の心を懐かせ、家に不安の意をもたらすものである。東方は虚耗の害を被り、関中は無聊の民が居ることは、久長の策ではない。『詩』に『民また労す、願わくは小康すべし、この中国を慈しみ、以て四方を安んぜよ』とある。いま造営する初陵は、県邑を置いてはならない。天下はいずれも郷土に安らぎ生業を楽ませ、動揺する心を無くさせる。天下に布告し、これを周知させる」と。また、先后の父母の奉邑を廃止した。

とあり、諸陵邑は三輔に統属することとなり、また詔にて廃止の理由が述べられ、以後初陵造営の際に陵邑を置くことはなくなる（成帝昌陵造営の際に一時復活するも、結局は頓挫し廃止される）。

なお、陵邑への徙民に関して好並隆司氏は、漢初より増大していく皇帝権力の物質的基礎として、皇帝家産の拡大と開発があり、陵邑徙民は、官僚（と初陵）へのイデオロギー統制とともに、豪侠・商人の持つ「分権的な力を中央に集める」役割を担っていたとする。そして、このことにより斉民支配の達成がなされるが、当該期において、それが三輔から崩れはじめることを指摘する。また、好並氏は太常に統属する陵邑を「皇帝の私領」つまり皇帝家産と考え、前漢後半期に行われる苑囿などの皇帝家産の一般への解放、帝室財政から国家財政への組み換えの流れの中に、この陵邑の三輔への移管を位置づけている[11]。

しかしながら如上の議論に関連して、帝陵徙民と郡国廟について第二章でみた「中」と「外」という視角からの私見を以下に述べるならば、関中の帝陵への徙民は外（主に関東）から中（「關中」、後に三輔）への人的・経済的資源の輸入であり、郡国廟の設置は中から外への権威（あるいは共同幻想）の輸出といえるのではないか。両者は、ともに精神的側面と物質的側面との差異はあるが、名実ともに統一の統治を図るべく、關中と關外（主に東西）の均質性を確保するための施策であったと考え得る。前漢後半期に至っての帝陵徙民と郡国廟の廃止は、儒家思想による礼制の整備であると同時に、当該期の統治において、ある程度の全国的均質性を前提としていた措置であり、そこでは財政的理由も述べられるが、均質性への確保に向けてコストをかける積極的な理由が既に無くなっていたともいえる。[12]また、一連の礼制改革における「儒家的官僚（＝豪族）による皇帝権力の相対化」や「皇帝家産の減退」という理解は不適当であり、[13]漢初の境域を区分して行われた統治と比較すれば、当該期は全国的な均質性や統一的な皇帝制度を受容する素地を獲得していたのである。そしてまた、それは武帝期を中心とした酷吏の重用による首都圏の堅持が、その役割を終えることと軌を一にしているものと考える。また、皇帝家産の国家財政への組み換えは、劉氏のワクを超えた皇帝制度の成熟という視点から理解すべきである。

おわりに

本章では前章の考察を受けて、前漢の「首都圏」をめぐる制度的変遷に着目することにより、中国古代における「統一」国家と皇帝制度の成立についての素描を試みた。

統一秦においては、万里の長城のみが境界となり、それによって区分された秦の領域に対して郡県制統治を企図したが、前漢初期においては東西に境域の区分がなされ、中期にかけて帝陵徙民や郡国廟、酷吏の任用などにより、三輔制の形成と堅持が行われる。そして、前漢後期に、皇帝を頂点とした統一国家の統治制度の成熟により、それらの政策は役割を終えることとなる。統一秦において推し進められた「天下」の「統一」政策が、前漢前半期の妥協を経て当該期においてようやく結実し、以降二千年に亘る制度的な祖形として成立することを、こうした「首都圏」の変遷からみてとれるのではないだろうか。

また、冒頭にて①〜⑧として述べた同時期の変容も皇帝制度の成熟の一側面と考えうる。個人的能力・功績・権威に依らない、皇帝制度そのものの統治における正当性の確保が成立し、制度的成熟を迎えていた証左といえよう。[14] なお、本章では制度的変遷のみに焦点をあて、社会構造の変化については捨象して考察を行った。例えば、同時期に経済単位としての家族が成立していたことについても、[15] 統治制度の変質に何らかの影響をみてしかるべきであるが、今後の課題とし、章を終えたい。

注

1 大櫛敦弘「漢代三輔制度の形成」（池田温編『中国礼法と日本律令制』一九九二）など参照。

2 崔在容「西漢三輔의成立과그機能」（『慶北史学』八、一九八五）、また前掲注1大櫛論文参照。

3 前漢の徙民政策については以下の論考がある。岡田功「前漢関中帝陵徙民再考―皇帝権力の一側面」（『駿台史学』四四、一九七八）、鎌田重雄「漢代の帝陵」（『秦漢政治制度の研究』日本学術振興会、一九六二所収）、陳力「先秦秦漢時期咸陽原における地域社会の空間像―地図資料と衛星写真による統計と分析」（井上徹編『中国都市研究の資料と方法』大阪市立大学大学院文学研究科都市文化研究センター、二〇〇五）、同「漢の長安城周辺の集落」（『阪南論集 人文・自然科学編』三八-一、二〇〇二)、鶴間和幸「漢代における関東・江淮豪族と関中徙民」(『中島敏先生古稀記念論集 上』汲古書院、一九八〇)、同「秦始皇帝陵建設の時代―戦国・統一・対外戦争・内乱」(『東洋史研究』五三-四、一九九五)、同「漢代皇帝陵・陵邑・成国渠調査記(一)皇帝陵の位置の比定と形式分類」(『茨城大学教養部紀要』九、一九八七)、同「漢代皇帝陵・陵邑・成国渠調査記―陵墓・陵邑空間と灌漑区の関係」(『古代文化』四一-三、一九八九)、藤川正数「陵墓制について」(『漢代における礼学の研究 増訂版』風間書房、一九八五(一九六八))、楊寛著・西嶋定生監訳『中国皇帝陵の起源と変遷』(学生社、一九八一)、村元健一「前漢皇帝陵の再検討―陵邑陪葬の変遷を中心に」『古代文化』五九-二、二〇〇七、好並隆司「西漢皇帝支配の性格と変遷―帝陵・列候・家産をつうじてみたる」(『歴史学研究』二八四、一九六四、のち『秦漢帝国史研究』未来社、一九七八所収)、同「漢代皇帝支配秩序の形成―帝陵への徙遷と豪族」(『東洋史研究』三五-二、一九七六、のち前掲書所収)、劉慶柱・李毓芳著・来村多加史訳『前漢皇帝陵の研究』(学生社、一九九一)など。

4　前掲注3劉慶柱・李毓芳書。

5　秩律(四六五~四六六簡)「……黄郷長、萬年邑長……秩各三百石……」とある。専修大学『二年律令』研究会「張家山漢簡『二年律令』訳注(一一)」(『専修史学』四五、二〇〇八)六四頁、注④参照。

6　前掲注3楊寛書。

7　前掲注3劉慶柱・李毓芳書、村元健一論文。

8　酷吏とそれに対置される循吏については以下の論考がある。伊藤徳男「循吏と酷吏―司馬遷の史観の一側面」(『古代学』九-四、一九六一)、同「循吏と循理」(『東北学院大学論集 歴史学・地理学』一五、一九八五)、今村城太郎「漢代の循吏」(『東方学』三〇、一九六五)、鎌田重雄「漢代の循吏と酷吏」(一九五〇初出、のち『秦漢政治制度の研究』日本学術振興会、一九六二所収)、影山剛「前漢の酷吏をめぐる二・三の問題」(『福井大学学芸学部紀要 第三部 社会科学』六、一九五七)、斎藤実郎「前漢の酷吏」(『史叢』一四、一九七〇)、多田狷介「前漢武帝代の酷吏張湯について」(『東洋史研究』三六-二、一九七七、のち『漢魏晋史の研究』汲古書院、一九九九所収)など。

9　大櫛敦弘「前漢「畿輔」制度の展開」(牧野修二ほか『出土文物による中国古代社会の地域的研究(平成二・三年度科学研究費補助金一般研究(B)研究成果報告書)』一九九二)、冨田健之「漢代における司隷校尉」(『史淵』一二一、一九八四)など参照。

10　板野長八「前漢末における宗廟・郊祀の改革運動」(『中国古代における人間観の展開』岩波書店、一九七二)、金子修一

「中国―郊祀と宗廟と明堂及び封禅」（一九八二初出、『古代中国と皇帝祭祀』汲古書院、二〇〇一所収）、同「漢代における郊祀・宗廟制度の形成とその運用」（『中国古代皇帝祭祀の研究』岩波書店、二〇〇六）、杉村伸二「漢初の郡国廟と入朝制度について」（『九州大学東洋史論集』三七、二〇〇九）、保科季子「前漢後半期における儒家礼制の受容」（『歴史と方法 三 方法としての丸山眞男』青木書店、一九九八）、守屋美都雄「前漢の郡国廟に就いて」（『地理歴史研究』一五-四、一九三八）、鷲尾祐子「前漢祖宗廟制度の研究」（『立命館文学』五七七、二〇〇二）など。

11 前掲注3好並論文。

12 前掲注10金子「漢代における郊祀・宗廟制度の形成とその運用」。

13 前掲注10保科論文。

14 拙稿「前漢後半期における皇帝制度と社会構造の変質」（『専修史学』四二、二〇〇七。本書、第五章に改稿して所収）。

15 飯尾秀幸『中国史のなかの家族』（山川出版社、二〇〇八）。

表 4　帝陵徙民表

	徙民先	奉陵者	起年	戸数・口数	記事	備考
1	驪邑	始皇帝	始皇 16 年 [前 231]		(始皇 35 年) 因徙三萬家麗邑、五萬家雲陽、皆復不事十歳。(『史記』始皇本紀)	
2	長安 ※参考		高祖 5 年 [前 202]	80800 戸・ 246200 口 (地理志)		『二年律令』秩律 443「長安 (令) …千石」
3	新豊		高祖 7 年 [前 200]		令豐人徙關中者皆復終身。(高帝紀)	故酈邑『二年律令』秩律 443「新豐 (令) …千石」
4	黄郷	昭霊夫人 (高祖母)				『二年律令』秩律 465「黄郷長…三百石」
5	萬年邑	太上皇 (高祖父)	高祖 10 年 [前 197]			『二年律令』秩律 465「萬年邑長…三百石」
6	長陵	高祖	高祖 12 年 [前 195]	50057 戸・ 179469 口 (地理志) 万戸 (『旧』) 万戸 (『関』) 万戸 (『元』)	漢興、立都長安、徙齊諸田、楚昭・屈・景及諸功臣家於長陵。後世世徙吏二千石・高訾富人及豪桀并兼之家於諸陵。(地理志) (高祖 9 年) 徙貴族楚昭・屈・景・懐・齊田氏關中。(高祖本紀) (高祖 9 年) 十一月、徙齊楚大族昭氏・屈氏・景氏・懐氏・田氏五姓關中、與利田宅。(高帝紀)	『奏讞書』に徙民された齊田氏の女子の亡命に関わる、高祖 10 年の案件あり 『二年律令』秩律 450「長陵 (令) …八百石」 高后紀「六年……夏四月、赦天下。秩長陵令二千石。六月、城長陵。」
7	安陵	恵帝		万戸 (『旧』) 五千戸 (『関』) 千戸 (『元』)	徙關東倡優樂人五千戸以爲陵邑、善啁戯、故俗呼啁陵。縣人馮唐・爰央、見本傳。(地理志右扶風条『補注』引『関』)	『二年律令』秩律 452「安陵 (令) …六百石」
8	南陵	薄姫 (文帝母)	文帝 7 年 [前 173]		四月丙子、初置南陵。(漢興以來將相名臣年表)	
9	霸陵	文帝	文帝 9 年 [前 171]	万戸 (『旧』) 五千戸 (『関』) 千戸 (『元』)	以芷陽鄉爲霸陵。(漢興以來將相名臣年表)	故芷陽
10	陽陵	景帝	景帝 5 年 [前 152]	万戸 (『旧』) 五千戸 (『関』) 千戸 (『元』)	(景帝 5 年) 三月、作陽陵・渭橋。五月、募徙陽陵、予錢二十萬。(孝景本紀)	故弋陽

	徙民先	奉陵者	起年	戸数・口数	記事	備考
11	茂陵	武帝	建元２年 [前 139]	61087 戸・ 277277 口（地理志） 三～五万戸（『旧』） 万戸（『関』） 万戸（『元』） 16000（『三輔旧事』）	（建元２年）徙郡國豪傑於茂陵。（『前漢紀』） （建元３年）賜徙茂陵者戸錢二十萬、田二頃。（武帝紀） （元朔２年）夏、募民徙朔方十萬口。又徙郡國豪傑及訾三百萬以上于茂陵。（武帝紀） （太始元年）徙郡國吏民豪桀于茂陵・雲陵。（武帝紀）	
12	雲陵	鉤弋夫人 （昭帝母）	後元２年 [前 87]	三千戸（外戚伝）	（始元３年）秋、募民徙雲陵。賜錢田宅。（昭帝紀） （始元４年）徙三輔富人雲陵。賜錢戸十萬。（昭帝紀）	
13	平陵	昭帝	不明	三～五万戸（『旧』） 五千戸（『関』） 万戸（『元』）	本始元年春正月、募郡國吏民訾百萬以上徙平陵。（宣帝紀） （本始）二年春、以水衡錢爲平陵、徙民起第宅。（宣帝紀）	
14	杜陵	宣帝	元康元年 [前 65]	三～五万戸（『旧』） 五千戸（『関』） 万戸（『元』）	元康元年春、以杜東原上爲初陵、更名杜縣爲杜陵。徙丞相・將軍・列侯・吏二千石・訾百萬者杜陵。（宣帝紀）	故杜県
15	奉明縣	史皇孫・ 王夫人 （宣帝父母）	元康元年	1600 戸（戻太子伝）	（元康元年）夏五月、立皇考廟。益奉明園戸爲奉明縣。（宣帝紀） 有司復言「禮『父爲士、子爲天子、祭以天子』。悼園宜稱尊號曰皇考、立廟、因園爲寢、以時薦享焉。益奉園民滿千六百家、以爲奉明縣。尊戻夫人曰戻后、置園奉邑、及益戻園各滿三百家。」（戻太子伝）	戻太子・戻后（宣帝祖父母）の園にもそれぞれ 300 家
16	渭陵	元帝	永光４年 [前 40]		今所爲初陵者、勿置縣邑。（元帝紀）	以後、初陵への徙民廃止
17	延陵	成帝	建始２年 [前 31]			
18	昌陵	成帝	鴻嘉元年 [前 20]		（鴻嘉２年）夏。徙郡國豪傑資五百萬以上五千餘戸於昌陵。	初陵への徙民復活企図も頓挫

	徙民先	奉陵者	起年	戸数・口数	記事	備考
19	義陵	哀帝	太初元將元年(建平2年)[前5]		七月、以渭城西北原上永陵亭部爲初陵。勿徙郡國民、使得自安。	
20	康陵	平帝	不明			

※特記のない場合、出典は『漢書』。また『漢舊儀』は『旧』、『關中記』は『関』、『元和郡縣圖志』は『元』と略称。

表５　『漢書』地理志所載、三輔及び戸数の記載のある県を有する郡一覧

郡国	戸数	口数	県数	※１	※２	※３	県	戸数	口数	※１	※４	※５
京兆尹	195702	682468	12	3.49	16308.5	56872.3	長安	80800	246200	3.05	41.3%	36.1%
左馮翊	235101	917822	24	3.90	9795.9	38242.6	長陵	50057	179469	3.59	21.3%	19.6%
右扶風	216377	836710	21	3.87	10303.7	39843.3	茂陵	61087	277277	4.54	28.2%	33.1%
河南郡	276444	1740279	22	6.30	12565.6	79103.6	雒陽	52839			19.1%	
潁川郡	432491	2210973	20	5.11	21624.6	110548.7	陽翟	41650	109000	2.62	9.6%	4.9%
同上	—	—	—	—	—	—	傿陵	49101	261418	5.32	11.4%	11.8%
南陽郡	359316	1942051	36	5.40	9981.0	53945.9	宛	47547			13.2%	
蜀郡	268279	1245929	15	4.64	17885.3	83061.9	成都	76256			28.4%	
魯国	118045	607381	6	5.15	19674.2	101230.2	魯	52000			44.1%	
楚国	114738	497804	7	4.34	16391.1	71114.9	彭城	40196			35.0%	
三輔合計	647180	2437000	57	3.77	11354.04	42754.4	三輔三県	191944	702946	3.66	29.7%	28.8%
							茂＋長陵	111144	456746	4.11	17.2%	18.7%
							仮定七陵	261144	956746	3.66	40.4%	39.3%
							含長安	341944	1202946	3.52	52.8%	49.4%
全国合計	12365378	57672042	1577									
全国平均	120052.2	559922.7	15.3	4.66	7841.1	36570.7						

※１　一戸あたりの口数
※２　一県あたりの戸数
※３　一県あたりの口数
※４　郡国の戸数に占める当該県の戸数の割合
※５　郡国の口数に占める当該県の口数の割合

表６　酷吏伝表

	史	漢	出身郡	出身県	皇帝	任官										
鼂錯	伝	伝	潁川		文景	太常掌故	太子舎人	太子門大夫	博士	太子家令	中大夫	***内史***	**御史大夫**			
郅都	○	○	河東	楊(大陽)	文景	郎	中郎将(景)	**済南郡太守**	**中尉**	**雁門郡太守**						
寧成(甯成)	○	伝	南陽	穰	景武	郎謁者	**済南郡都尉**	**中尉**	***内史(武)***	*(函谷)關都尉*						
周陽由	○	○		周陽	文景	郎	**郡守(景)**	**河東郡都尉**								
趙禹	○	○	扶風(内史)	嫠	景武	縣佐史	中都官	令史	丞相史	御史(武)	太中大夫	**廷尉**	**少府**	**燕の相**		
張湯	○	伝	内史	杜	武	内史掾	*茂陵尉*	丞相史	侍御史	太中大夫	**廷尉**	**御史大夫**				
義縦	○	○	河東		武	中郎	上党郡の県令	*長陵令*	*長安令*	**河内郡都尉**	**南陽郡太守**	**定襄郡太守**	*右内史*			
王温舒	○	○	馮翊(内史)	陽陵	武	亭長	廷史	御史	**広平郡都尉**	**河内郡太守**	**中尉**	**廷尉**	**中尉**	**少府**	***右内史***	***右輔・中尉***
尹齊	○	○	東郡	茌平	武	御史	*關(内)都尉*	**中尉**	**淮陽郡都尉**							
楊僕	○	○	河南	宜陽	武	御史	*主爵都尉*	楼船将軍								
減宣(咸宣)	○	○	河東	楊	武	河東郡佐史	大厩丞	御史・(御史)中丞	***左内史***	***右扶風***						
杜周	○	伝	南陽	杜衍	武	廷尉史	御史中丞	**廷尉**	**執金吾(中尉)**	**御史大夫**						
田廣明		○	京兆	鄭	武昭宣	郎	天水郡司馬	**河南郡都尉**	**淮陽郡太守**	**大鴻臚**	**衛尉(昭)**	***左馮翊***	**御史大夫**	(祁連將軍)		
田延年		○	馮翊	陽陵※	昭宣	大将軍(霍光)長史	**河東郡太守**	**大司農**								
嚴延年		○	東海	下邳	昭宣	郡吏	御史掾	侍御史	*平陵令(宣)*	丞相掾	*好畤縣令*	彊弩将軍(許延壽)長史	**涿郡太守**	**河南郡太守**		
尹賞		○	鉅鹿	楊氏	成	郡吏	樓煩縣長	粟邑縣令	頻陽縣令	*鄭縣令*	*守長安令*	**江夏郡太守**	***右輔都尉***	**執金吾**		

※斉（田氏）→高祖時に徙民

『史記』・『漢書』ともに、冒頭にて呂后期の侯封を鼂錯とともに挙げるが割愛。「伝」は別に立伝を指す

（　）内の帝号は、即位後の任官、あるいは在任中の帝位の継襲を示す

地方官　*関中の官*　中央官　**二千石以上**

表7　循吏伝表

	史	漢	出身郡	出身県	皇帝	任官												
文翁		○	廬江	舒	景武	郡縣吏	蜀郡守											
王成		○			宣	膠東の相												
黄霸		○	左馮翊	雲陵※	武昭宣	侍郎謁者	*左馮翊卒史*	河東郡均輸長	河南郡太守丞	廷尉正	諫大夫	揚州刺史	**潁川郡太守（宣）**	*守京兆尹*	**潁川郡太守**	**太子太傅**	**御史大夫**	**丞相**
朱邑		○	廬江	舒	宣	舒桐郷嗇夫	太守卒史	大司農丞	**北海郡太守**	**大司農**								
龔遂		○	山陽	南平陽	昭宣	昌邑王の郎中令	**渤海郡太守（宣）**	**水衡都尉**										
召信臣		○	九江	壽春	宣	穀陽縣長	上蔡縣長	**零陵郡太守**	諫大夫	**南陽郡太守**	**河南郡太守**	**少府**						

※「豪桀」として淮陽郡陽夏県より徙民
『史記』循吏列伝所載、楚の処士叔孫敖、鄭の列大夫子産、魯の博士公儀休、楚の相石奢、晋の理（獄官）李離については割愛

（　）内の帝号は、即位後の任官、あるいは在任中の帝位の継襲を示す
地方官　*関中の官*　中央官　**二千石以上**

第四章　瑞祥からみた漢代の皇帝権力

はじめに

統一秦の後を承け、中国を支配した漢王朝の皇帝権力においては、とくに武帝以後に伸張してくるとされる儒家思想の利用は重要な意義を持っていた。儒家思想にとっても、歴代王朝の支配理念として、知識人の教養として、民衆の教化の道具として、また清代に至るまで尊重される端緒として、漢代において専制権力に接近し国家の支配理念を提供し得た意義は大きい。後に、科挙などにおける官吏登用の際に経学の知識が問われたことも、儒家思想が地位を確立していく大きな要因とし得る。しかし、その背景として支配層による儒家思想の有効性の認識（と被支配層への浸透）が必要であった。

それでは、漢代において皇帝権力と儒家思想はいかに接近し、またそれはいかなる思惑を持って行われたのだろうか。

高祖劉邦により、淑孫通の説く儒家の礼制が採用されたとはいえ、漢初の思潮は黄老思想が優位であったとされる。[1] その後、武帝のときに至り、董仲舒の対策による五経博士設置をもって、ついに「国教化」がなされたとみなすのが通説であった。しかし、福井重雅氏による疑義が提示されて以来、このことをもって「国教化」とみなすことは見直されつつある。[2]

また、漢代の皇帝権力を考えるうえで、従来、武帝期は前漢の「最盛期」や中央集権体制の「完成期」とされ、これ以降は、外戚の専権・内朝の自律化・儒家礼制による規制・豪族の台頭などにより、弱体化・相対化されるという理解がなされてきた。王莽による帝位簒奪も、この視角から説明されることが多い。

例えば西嶋定生氏は、儒家が、制約の無い絶対的な存在であった「皇帝」を、前漢後期に儒家的な「天子」思想の中に埋没させて行くことにより規制しようとし、ついには社会情勢の変化により皇帝を克服・勝利したとする。ここで言う社会情勢の変化については「地方豪族の台頭であり、豪族出身官僚の輩出である。彼らは家族秩序を尊重し、同族結合を強化することによって社会的地位を確保する。これは儒家の説く孝悌の道に合致するものであり、儒家はこれによって豪族層から支持される」とする。そして、昭帝期の塩鉄会議における賢良・文学の立論を儒家思想に基盤を置くものとし、「宣帝のころから儒家思想を身につけた豪族官僚が出現し、これによって地方豪族の勢力が中央に進出するとともに、儒家はその勢力を拡大した」とするのである。さらに、「儒家が「皇帝」をその思想内に包摂し、皇帝権力がこれを容認したときに、儒家の教説は国家の教理としての権威を与えられる。いわゆる儒教国教化がそれである」と「儒教国教化」

を提示する。そして、上帝に従属する、天の子たる「天子」に埋没した「皇帝」は徳の有無によってその天命が革まることを可能にし「儒家の勝利」が王莽を簒奪に到らしめ、理論的に正当化したとするのである。[3]

このような理解に対し、武帝期以降の皇帝権力の様相について、官制や儒家礼制の分析から、前漢後期の皇帝権力は単純に弱体化・相対化されたとすることはできず、質的な変化により、むしろ強化されその完成度を高めたという再評価が行われている。

冨田健之氏は、内朝についての「旧来の官僚組織とは別の組織をもった政務担当機関として機能した」という理解や「それ自体として自律的な政務担当機能を有していた」といった理解を否定し、「皇帝とのより強い親近性を有した側近官全体を総称する」もので、「あくまで皇帝の国政政治に関する輔翼機能を有していたに止まる」とする。[4]

また、藤田高夫氏は、外戚政権が皇帝一元支配とは相容れないとする通説を批判し、「皇帝支配體制の内部に外戚の政治關與を必然的に招來する要因が存在する」との視角のもと、外戚政権は皇帝独裁体制を志向する大きな変遷過程での試行錯誤において、官僚機構が成熟する過程の副産物であり、皇帝の力量が官僚機構の統御に不十分な際に、血縁的紐帯で結ばれた顕貴集団を従え、皇帝との強い親近性を持つ外戚が輔翼者として必要とされるとする。[5]

これらを承けて、保科季子氏は、「儒教国教化」の議論においても、皇帝による儒家思想の受容について、伸長してきた儒家思想によって皇帝権の相対化が図られたのではなく、逆に皇帝側の積極的な儒家礼制の導入によって権威の絶対化がなされたとした。[6] 保科氏は「前漢後半期の政治機構の改革が皇帝の独裁を強化する目的をもっているのならば、礼制改革もまた、皇帝権を強化することを目指していたと考えることはできないだろうか」という問題設定のもと、権威の絶対化を企図する皇帝側の積極的な受容のもとで儒家の理論は取り入れられたとする。つまり、抽象化された儒教的世界観に位置づけられることで、劉氏の権威を脱却した普遍的な皇帝権威が確立することができたとするのである。

この「儒教国教化」という問題については、先述のとおり、武帝期の董仲舒対策による博士官の設置によって「国教化」がなされたという定説に対して、福井氏が歴史学の立場から再検討を求めて以来、実に半世紀に及ばんとする議論が行われている。[7]

福井氏は武帝の死後、昭帝期から宣帝期初期におよぶ霍光専権下において、儒家思想が現実政治に効力を発揮したことにより台頭してくるとする。[8]そして、当該期における自称衛太子の出現と昌邑王劉賀の廃位という二つの事件をとりあげ、「このような帝位自体の存在を左右しかねない異常な事態に遭遇して、儒学は『春秋』や『洪範五行傳』を巧妙に活用することによって、二度にわたって王朝の危殆を処理し、安全を保障することができた。」とする。そして、この二つの事件に際して儒家の言辞・理論を利用した霍光の政治手腕を示唆し、霍氏全盛期に儒家思想が発展したのは、これらの事件が「有形無形に作用した結果」であるとするのである。

ここにみられるのは、専制権力と儒家思想の典型的な関係といえよう。つまり、皇帝（やその輔政者）は時宜に応じて儒家思想を利用し、儒家は時宜に適った理論を提供するのである。これは、先述したように高祖が叔孫通による儒家の礼制を採用したことにさかのぼることも可能である。しかし、天人相関論・五行説等により補強されたこの時期の儒学は、[9]より専制権力の要求に適う理論を提供できたのではないだろうか。また、福井氏は昭帝の始元六年〔前八二〕に行われた塩鉄会議において、儒家思想と法家思想の対立が明確化したとする。そして塩鉄会議が行われた翌年の燕王旦の謀反事件に際して、御史大夫の桑弘羊が処刑されたことにより、法家側はその後ろ盾を失い、以後霍光の庇護のもと儒家は伸長していくとするのである。[10]

さらに、儒家思想の変質と利用という点に関して、影山輝國氏は、従来君主を抑制する意図を持った理論であると考えられる災異説が、その実、宰相に責任を負わせることが慣例になり、また、儒家官僚によって外戚や宦官の専権を弾劾する手段として用いられるようになることを指摘している。[11]

本章では上記のような研究状況をふまえ、主に前漢後半期の儒家思想と皇帝権力の関係について、当該期に顕著となる天人相関論において、皇帝権力の政治的な恣意や意図にかかわらず、現実的な対策の必要な災害などとしても生じることのある災異ではなく、その解釈によって政策や恣意を反映させる余地が大きいものと考えられる瑞祥を主な素材として検討する。

一　宣帝の即位状況と瑞祥

武帝の後を承け、若年にして即位した昭帝が元平元年〔前七四〕に夭折すると、昌邑王劉賀が帝位に即いたが、先述のように霍光によってほどなく廃位させられ、民間にあった武帝の曾孫の劉病已が即位した（宣帝）。[12]

宣帝は、武帝末期に謀叛を企図したとされて族誅に至った衛太子（戻太子）劉拠の孫であり、右記のように昭帝死後の帝位をめぐる混乱の後に民間から見出された人物であり、その即位の「正統」性という点からは非常に弱い。

その宣帝が、武帝の死以来、輔政者として政務を握っていた霍光の死を契機に、霍氏の権力を削減していき、最終的には彼らを誅滅して権力を掌握する。そして、宣帝は内外に治績を上げ、武帝以来の漢朝の疲弊を回復し、班固の賛において「中興と謂うべし」とされる。その宣帝の治世において、『漢書』宣帝紀及び郊祀志に瑞祥が頻繁に記載されるのである。[13]

瑞祥とは、祥瑞・符瑞・休祥など、史料によりその呼称に相違はあるが、中国において、天が君主の治世を顕彰して出だすと考えられていた「現象」である。『白虎通』封禪に

天下太平にして、符瑞の來至する所以は、以爲らく王者天を承けて統理し、陰陽を調和し、陰陽和すれば、萬物序し、休氣充塞し、故に符瑞並び臻る、皆な德に應じて至る。[14]

とあり、王者の徳に応じて様々な瑞祥があらわれるとする。

また、出石誠彦氏は「休祥或は祥瑞の思想とは、天子が聖徳をもって万民を統治し、天下に君臨する際には、天はこれを嘉して種々の吉祥を現すとする思想であって、これと表裡の関係にあるものは災異の思想であり天子暴虐にして、その徳衆庶の戴くに足らざるに当っては、天はこれを警しめて各種の災異を下すとするの思想である」とする。[15]

とはいえ、それが支配の粉飾として利用されることは想像に難くない。しかし、粉飾の素材を選択するの

は支配する側であるのと同時に、支配される側にもその粉飾を受け入れる素地が無くてはならない。換言すれば、宣帝政権の側の瑞祥を喧伝する理由とともに、宣帝期の時代状況においても瑞祥の頻発を受け入れた理由があったはずである。

宣帝期において、瑞祥は在位二五年間に五二件言及されている。これは、宣帝の倍以上の五五年間君臨した武帝の在位中に、四〇件言及されることを凌ぐものである。前漢代において他に瑞祥としうる記載があるのは、高祖二件、文帝二件（うち一件は詐言とされた）、昭帝二件、成帝七件、平帝三件であることからも、宣帝期において瑞祥の報告はされる側からもする側からも、ある有効性を持つものと認識されていたと考えて大過ないだろう。

次章では宣帝がこのように瑞祥を積極的に用いた背景をともに、吏民がそれを受け入れた時代状況について考察する。

二　前漢代における瑞祥と祭祀・賜与との関連

まず、前漢代における瑞祥と政策におけるその影響について概観する。当該期の瑞祥記事については、章末の（表8）を参照されたい[16]。

まず、文帝期において瑞祥の政治的な利用が試みられるが、方士による詐称が発覚し、その利用は一旦退潮する。このことについては、本章三節において後述する。

武帝期になると、先述したように、通説では天人相関論を説く董仲舒により元光元年〔前一三四〕に「置五經博士」の献策（天人三策）が行われ、「儒教国教化」がなされたとされる。

その後、元封元年〔前一一〇〕四月に泰山封禅が行われると、以後、元封二年〔前一〇九〕六月、元封四年〔前一〇七〕三月、元封六年〔前一〇五〕三月、太初二年〔前一〇三〕、太始三年〔前九四〕二月、後元元年〔前八八〕正月と、瑞祥にかかわる形での政策施行は七度のみである。ただし、赦令が中心であり、賜与や租賦の免除は祭祀・行幸に関連する郡県に限定され、「賜天下」とされるのは、元封六年三月に河東郡に現れた神光にかかわる「貧民布帛、人一匹」のみである。なお、瑞祥にかかわる賜爵は一度も行われない。[17]

そして、元平元年〔前七四〕四月に、武帝の後を継いだ昭帝が死去したのち、昌邑王劉賀が帝位を継ぐが、霍光によりわずか二七日で廃位させられる。その後、同七月に宣帝が即位する。以後の瑞祥の出現と政策施行とにかかわる状況を『漢書』宣帝紀を中心に煩雑ながら時系列に沿って挙げていく。『漢書』のそれぞれの皇帝の本紀以外であれば、特記する。まず、即位翌年の本始元年〔前七三〕には

五月、鳳皇集膠東・千乘。赦天下。賜吏二千石・諸侯相・下至中都官・宦吏・六百石爵、各有差、自左更至五大夫。賜天下人爵各一級、孝者二級、女子百戶牛酒。租稅勿收。

とあり、「天下」への赦令、吏への賜爵とともに、民への賜爵、「女子百戸」への賜牛酒。租税の免除が、膠東・千乘に鳳皇（凰）が現れるという瑞祥に付随するかたちで、しかも全国規模で行われる。そして、これ以後、賜爵と瑞祥が結びついていくこととなるのである。なお、武帝期の賜牛酒は二回で、泰山封禅（その後に瑞祥記事はあるが）と行幸にかかわるものである。主体的な施策（祭祀）のあとの賜与といえようか。

地節二年〔前六八〕春三月庚午に霍光が死去し、宣帝の親政が開始される。翌四月、魯郡に鳳皇が集り、羣鳥が之に従い、「大赦天下」とある。そして、地節四年〔前六六〕に霍氏は誅滅される。

翌、元康元年〔前六五〕三月の詔では

乃者鳳皇集泰山・陳留、甘露降未央宮。……其赦天下徒、賜勤事吏中二千石以下至六百石爵、自中郎吏至五大夫、佐史以上二級、民一級、女子百戸牛酒。加賜鰥寡孤獨・三老・孝弟力田帛。所振貸勿收。

とある。「乃者」とはこの直前の記事の初陵造営の際と考えられるが、武帝期と異なり、そのような施策と直接的に関連づけるのではなく瑞祥記事ののちに賜与・賑恤がなされるのである。さらに、元康二年〔前六四〕三月には

以鳳皇甘露降集、賜天下吏爵二級、民一級、女子百戸牛酒、鰥寡孤獨高年帛。

とあり、翌元康三年〔前六三〕春にも

以神爵數集泰山、賜諸侯王・丞相・將軍・列侯・二千石金、郎從官帛、各有差。賜天下吏爵二級、民一級、女子百戸牛酒、鰥寡孤獨高年帛。

とあり、「以」字が置かれ、明確に瑞祥の出現を理由として賜与・賑恤が行われる。また、同年夏六月の詔では

前年夏、神爵集雍。今春、五色鳥以萬數飛過屬縣、翺翔而舞、欲集未下。其令三輔毋得以春夏擿巣探卵、彈射飛鳥。具爲令。

とあり、瑞祥の出現に関連して、時令的な鳥類の保護を企図している。

元康四年〔前六二〕三月の詔ではまた

乃者、神爵五采以萬數集長樂・未央・北宮・高寢・甘泉泰時殿中及上林苑。朕之不逮、寡于德厚、屢獲嘉祥、非朕之任。其賜天下吏爵二級、民一級、女子百戸牛酒。加賜三老・孝弟力田帛、人二匹、鰥寡孤獨各一匹。

とある。また、神爵元年〔前六一〕春正月には、「行幸甘泉、郊泰時」、三月に「行幸河東、祠后土」とあり、詔で「朕承宗廟、戰戰栗栗、惟萬事統、未燭厥理」としたうえで

乃元康四年嘉穀玄稷降于郡國、神爵仍集、金芝九莖產于函德殿銅池中、九真獻奇獸、南郡獲白虎威鳳爲寶。朕之不明、震于珍物、飭躬齋精、祈爲百姓。東濟大河、天氣清靜、神魚舞河。幸萬歲宮、神爵翔集。朕之不德、懼不能任。其以五年爲神爵元年。賜天下勤事吏爵二級、民一級、女子百戸牛酒、鰥寡孤獨高年帛。所振貸物勿收。行所過毋出田租。

とあり、さらに神爵二年〔前六〇〕春二月の詔では

乃者正月乙丑、鳳皇甘露降集京師、羣鳥從以萬數。朕之不德、屢獲天福、祗事不怠、其赦天下。

とある。このように、「朕之不逮、寡于德厚」、「朕承宗廟、戰戰栗栗」、「朕之不德」としつつも瑞祥の出現を列挙し、天下への賜爵を含む、賜与・賑恤や、赦令を行っている。ただ、瑞祥の規模と賜与などの規模に関しては、明確な対応は見出せない。また、神爵四年〔前五八〕春二月の詔では

乃者鳳皇甘露降集京師、嘉瑞並見。

とあり、瑞祥がみえ、

修興泰一・五帝・后土之祠、祈爲百姓蒙祉福。

とあり、祭祀の場を修興し、

鸞鳳萬舉、蜚覽翺翔、集止于旁。齋戒之暮、神光顯著。薦鬯之夕、神光交錯。或降于天、或登于地、或從四方來集于壇。上帝嘉嚮、海内承福。

とあり、さらに瑞祥がみえ

其赦天下、賜民爵一級、女子百戸牛酒、鰥寡孤獨高年帛。

とあり、賜与・賑恤が行われる。このように瑞祥と祭祀にかかわる政策と賜与などが入り組んだ形で行われる。

ただ、同年冬十月には

鳳皇十一集杜陵。

とあり、同年十二月にも

鳳皇集上林。

とあるが、ともに賜与などの記事はない。

また、五鳳三年〔前五五〕に

三月、行幸河東、祠后土。詔曰「往者……單于閼氏子孫昆弟及呼遬累單于・名王・右伊秩訾・且渠・當戸以下將衆五萬餘人來降歸義。單于稱臣、使弟奉珍朝賀正月、北邊晏然、靡有兵革之事。朕飭躬齊戒、郊上帝、祠后土、神光並見、或興于谷、燭燿齊宮、十有餘刻。甘露降、神爵集。已詔有司告祠上帝・宗廟。三月辛丑、鸞鳳又集長樂宮東闕中樹上、飛下止地、文章五色、留十餘刻、吏民並觀。朕之不敏、懼不能任、婁蒙嘉瑞、獲茲祉福。書不云乎『雖休勿休、祗事不怠』。公卿大夫其勗焉。減天下口錢。赦殊死以下。賜民爵一級、女子百戶牛酒。大酺五日。加賜鰥寡孤獨高年帛」

とあり、三月条冒頭の「行幸河東、祠后土」と、詔で言及されるそれ以前の匈奴の「歸義」・「稱臣」や「朝賀」とかかわる「郊上帝、祠后土」と瑞祥（神光・甘露・神爵）、そしてそれによる「告祠上帝・宗廟」、さらに「三月辛丑」の瑞祥（鸞鳳）があり、宣帝は「不敏」で「懼不能任」でありながら、「嘉瑞」・「祉福」を得たとして賜与・賑恤を行う。ここでも、因果関係は錯綜しながらも、祭祀に瑞祥（皇帝（天子）の「徳」の表象と言う点では匈奴の朝賀なども瑞祥に類するものとしうる）をからめての賜与・賑恤が行われる。

ただ、甘露元年［前五三］に

春正月、行幸甘泉、郊泰畤。匈奴呼韓邪單于遣子右賢王銖婁渠堂入侍。

（中略）

夏四月、黄龍見新豐。

とあり、郊祀志下にも

改元爲甘露。正月、上幸甘泉、郊泰畤。其夏、黄龍見新豐。建章・未央・長樂宮鍾虡銅人皆生毛、長一寸所、時以爲美祥。

とあるが、前掲神爵二年の十月・十二月と同様、賜与・賑恤・赦令などの記事はみえない。

翌甘露二年［前五二］正月の詔では

乃者鳳皇甘露降集、黄龍登興、醴泉滂流、枯槁榮茂、神光並見、咸受禎祥。其赦天下。減民算三十。賜諸侯王・丞相・將軍・列侯・中二千石金錢各有差。賜民爵一級、女子百戸牛酒、鰥寡孤獨高年帛。

とある。

甘露三年［前五一］春正月には

行幸甘泉、郊泰畤。匈奴呼韓邪單于稽侯𤅃來朝。……匈奴遂定。

とあり、その記事に続く詔で、

乃者鳳皇集新蔡、羣鳥四面行列、皆鄉鳳皇立、以萬數。

とあり、

其賜汝南太守帛百匹、新蔡長吏・三老・孝弟力田・鰥寡孤獨各有差。賜民爵二級。毋出今年租。

とする。新蔡の瑞祥と賜与・賑恤について述べる詔の前に行幸・郊祀や匈奴来朝関係記事とがみえるが、汝南（の太守）と新蔡への限定的な施策で関連は不明である。

そして、黄龍元年［前四九］には

冬十二月甲戌、帝崩于未央宮。

とあり、郊祀志下では

至冬而崩。鳳皇下郡國凡五十餘所。

とみえる。『漢書』における宣帝像のありかたともかかわるか。

その後の十二月癸巳の元帝即位の後、翌初元元年〔前四八〕には『漢書』元帝紀に

春正月辛丑、孝宣皇帝葬杜陵。賜諸侯王・公主・列侯黄金、吏二千石以下錢帛、各有差。大赦天下。三月、封皇太后兄侍中中郎將王舜爲安平侯。丙午、立皇后王氏。以三輔・太常・郡國公田及苑可省者振業貧民、貲不滿千錢者賦貸種・食。封外祖父平恩戴侯同産弟子中常侍許嘉爲平恩侯、奉戴侯後。

とあり、喪葬にかかわる「大赦天下」が行われる。その後、「以三輔・太常・郡國公田及苑可省者振業貧民、貲不滿千錢者賦貸種・食」といった記事もあるがこちらは立皇后と関連するものとすべきであろう。

なお、元帝期においては、瑞祥とかかわるかたちでの、賜与・賑恤・赦令などの記事はみえない。そもそも元帝紀には瑞祥記事がみえず、翟方義伝に元帝期のこととして「克綏西域、以受白虎威勝之瑞」とあるのみである。ただ、災異（災害）とのかかわりや勧農救荒政策として、また行幸・祭祀と関連して賜与・賑恤・赦令などは引き続き行われる。

続く成帝期には数例、瑞祥と政策のかかわりがみえる。建始二年〔前三一〕正月に「罷雍五時。辛巳、上始郊祀長安南郊」とあり、その後の詔にて

乃者徙泰時・后土于南郊・北郊、朕親飭躬、郊祀上帝。皇天報應、神光並見。三輔長無共張繇役之勞、赦奉郊縣長安・長陵及中都官耐罪徒。減天下賦錢、算四十。

とあり、泰時・后土を南郊・北郊に移し上帝を郊祀した際に「神光」が出現したとして、「奉郊縣」の長安・長陵と中都官の耐罪の徒に対して赦令を行い、天下に賦銭の減税を行う記事がみえ、瑞祥が再び祭祀と政策にかかわる。

鴻嘉元年〔前二〇〕に「冬、黄龍見眞定」とのみみえ、政策や祭祀との関連はみえない。
鴻嘉二年〔前一九〕三月の「博士行飲酒禮」の際に

有雉蜚集于庭、歴階升堂而雊、後集諸府、又集承明殿。

とある。そしてその後の詔にて

古之選賢、傅納以言、明試以功、故官無廢事、下無逸民、教化流行、風雨和時、百穀用成、衆庶樂業、咸以康寧。朕承鴻業十有餘年、數遭水旱疾疫之災、黎民婁困於飢寒、而望禮義之興、豈不難哉。朕既無以率道、帝王之道日以陵夷、意乃招賢選士之路鬱滯而不通與、將舉者未得其人也。其舉敦厚有行義能直言者、冀聞切言嘉謀、匡朕之不逮。

として、「敦厚有行義能直言者」を推挙させている。
永始二年〔前一四〕には「二月癸未夜、星隕如雨。乙酉晦、日有蝕之」の後の詔にて

乃者、龍見于東萊、日有蝕之。天著變異、以顯朕郵、朕甚懼焉。公卿申敕百寮、深思天誡、有可省減便安百姓者、條奏。所振貸貧民、勿收。

とあり、続けて「又曰」とし

關東比歳不登、吏民以義收食貧民・入穀物助縣官振贍者、已賜直、其百萬以上、加賜爵右更、欲爲吏補三百石、其吏也遷二等。三十萬以上、賜爵五大夫、吏亦遷二等、民補郎。十萬以上、家無出租賦三歳。萬錢以上、一年。

とあるが、星隕・日蝕と列挙された龍は災異として扱うべきか。

永始四年［前一二］正月に

行幸甘泉、郊泰時、神光降集紫殿。大赦天下。賜雲陽吏民爵、女子百戸牛酒、鰥寡孤獨高年帛。三月、行幸河東、祠后土、賜吏民如雲陽、行所過無出田租。

とあり、祭祀と瑞祥と赦令・賜爵・賜与がみえる。宣帝期以外での瑞祥にかかわる賜爵はここのみである。そして、元延四年［前九］三月「行幸河東、祠后土」の記事の後

甘露降京師、賜長安民牛酒。

とある。なお禮樂志には成帝時に「犍爲郡於水濱得古磬十六枚」との記事がある。続く哀帝期には『漢書』においては瑞祥がみえず[19]、その後の平帝期には

元始元年［後一］春正月、越裳氏重譯獻白雉一、黒雉二、詔使三公以薦宗廟。

とあり

二年［後二］春、黄支國獻犀牛。詔曰「皇帝二名、通于器物、今更名、合於古制。使太師光奉太牢告祠高廟」

といった蛮夷による奇獣の献上記事（平帝の改名による告祠と対応するかどうかは不明）や、王莽伝においていくつか瑞祥の記事がみえるが、それに伴った民に対する具体的な政策は記載されない。また新代においても瑞祥の記載はない。

以上、宣帝期を中心に、瑞祥と政策とのかかわりについて確認した。以下にいくつかの私見を提示する。

先述のように、順調な即位とはいいがたい帝位にあり、霍光の死後に霍氏から権力を奪取した宣帝にとっ

て、自らの支配の正当性を絶えず証明するためには、吏民に対する宣伝手段として瑞祥が出現することが有効であると考えたのではないだろうか。そのことは、たび重なる瑞祥に際して民に対する賜爵・賜与・賑恤や税役の減免、刑徒に対する赦令が広く行われていることからもうかがえる。これは宣帝期に顕著であり、例えば武帝期の段階では政策と関連する例は少なく、瑞祥にかかわる場合も地域限定の施策がほとんどであり、賜爵は行われなかった。また前代の昭帝期にみえる瑞祥においても諸侯王・列侯・宗室に金銭を下賜するのみであった[20]。

この端緒として宣帝即位後の霍光専権期に瑞祥記事がみえる。西嶋定生氏は、霍光専権期に宣帝が高官たちに益封を行ったこと、祖父の衛太子らに諡号を贈り改葬したこと、武帝の廟号を論定して世宗廟とし武帝が行幸した郡国すべてにその廟を建立させたこと、そして本始元年と二年の両年において民に賜爵が行われたことをとりあげ「これら一連のことは、霍光の専権のもとにありながらも、皇帝権力を伸長させ、その権威を増進させようとする宣帝の願望によるものであったと考えられる」としている[21]。

このことは、単に宣帝一代における権力伸長、権威増進のみならず、儒家によって整備され理論化（天人相関論・災異説）された瑞祥を利用して行ったことにより、皇帝という制度自体の強化に寄与したとは考えられないだろうか。

『二年律令』の賜律などにより、爵位の差などにもとづく賜与の制度自体は漢初の段階で存在していたことがうかがえるが[22]、儒家思想によって瑞祥が理論化され、その瑞祥を背景にして一般民への賜与などを行うようになったのが宣帝期ではなかったか。

それは、「正統」性の弱い、権力基盤の不安定な宣帝という皇帝の個別的な状況が生み出した方向性ではあったが、その後の皇帝権力のあり方において質的な転換を迫るものであった。宣帝自身は班固の賛にて「信賞必罰、綜核名實」にして「功光祖宗、業垂後嗣、可謂中興、侔徳殷宗・周宣矣」として明主とされ、始皇帝や武帝に代表される人格的な支配の側面が強い皇帝ではあったが、儒家思想を利用することにより、幼少であったり権力基盤の弱い皇帝が出現しても、支配の正当性を獲得しうる道を開いた。そして、その後の皇帝権力は、礼制の整備などにより支配における理論化を進める儒家思想との結びつきをさらに強めていくのである。

三　文帝期の詐言事件にみる瑞祥と儒家思想

ここでは、前節でみた瑞祥と皇帝権威の高揚という問題を考えるうえで、時代はさかのぼるが文帝期の状況について考察を加える。

文帝も周知のとおり、その即位において「正統」ならざる事情を抱えている。高祖の子の一人ではあるが傍系であり、代王として封ぜられていたが、呂氏誅滅による少帝弘廃位により陳平や周勃ら建国の功臣によって皇帝として「謀立」される。その即位の状況について、薄井俊二氏は「即ち文帝は、武力闘争による先帝の廃位という激しい政治的動揺のあとを受け、しかも確かな支持基盤を持たないまま、外から入朝して帝位に即くことになったわけである。「安定性」「連続性」のいずれにおいてもかなりの危うさをはらんだ皇位継承であったといってよい」とする。[23]

そして、文帝十五年〔前一六五〕に至り、黄龍が成紀に現れたことにより、文帝は魯人公孫臣の説を採用し、服色を改め、漢王朝が土徳である事を明らかにし、詔を下して郊祀のことを論議させたという。そして、有司の言に従い、夏四月、雍に行幸し五時を郊見した。その後、望気の術をもって文帝に謁見した趙人新垣平は、長安の東北に五采の神気があるとして渭陽に五帝廟を設けさせ、翌年夏四月、文帝は親拝し五帝を郊見した。[24]

そして、十七年〔前一六三〕、新垣平はあらかじめ「人主延壽」と刻まれた玉杯を人に持たせて「闕下有寶玉氣來者」（『史記』封禪書）と上奏してから献上させた。また、太陽が沈んだ後再び中天に戻ったという。これにより文帝は改元し、十七年を元年（後元年）とした。また、新垣平が望気によって汾陰から周鼎の出ることを予言したので、文帝は廟を治めて周鼎を欲した。しかし、その年にすべて新垣平の詐言であることが発覚し、新垣平は三族を誅された。[25]この一連の事件や新垣平の罪科については『史記』や『漢書』で異同が有り、それについては章末の（表9）を参照されたい。梁玉縄『史記志疑』では、この事件に対して

　又漢書紀・志を攷うるに高后元年三族罪を除く、史記脱して書せず、則ち族誅の法已前に之を除く、何を以て新垣平復た三族の誅を行わん。豈に妖誣不道は、常典を用いざるや。刑法志其の過刑を譏れり。[26]

として、『史記』には記述は無いが『漢書』（高后紀・刑法志）では高后のときに除かれた三族の罪科でもって、新垣平が誅せられたことを指摘している。そして、『漢書』刑法志において、それを過刑であると譏っていることも言及する。[27]なお、『漢書』文帝紀、『史記』文帝本紀ともに二年五月の条に誹謗訞言の罪を除く

記述がある。[28]

新垣平の罪と罰について問題にするならば、前漢代におけるこれ以降の「夷三族」は、管見によれば武帝期に衛皇后の巫蠱の罪を誣告した江充に対する巫蠱の乱の後の記述「武帝知充有詐、夷充三族」（『漢書』江充伝）と、平帝期に王莽の摂政に反して挙兵した翟方義が「夷滅三族」された記述（『漢書』翟方義伝）のみである。[29]

他に「夷三族」とは記述されないが（三族では済まなかったというべきか）、族誅を受けた例に衛太子、上官氏、霍氏がある。

また、酷吏の業績において、または酷吏が罪を犯して罰せられる場合にも族誅の記述はある。例えば武帝期の酷吏である王温舒は盗賊・豪猾を数多く族滅したとされるが、自らの「姦利事」が明らかになると、罪は族に至ったとされる（『史記』酷吏列伝・『漢書』酷吏伝）。これらは酷吏が酷吏たる所以の苛酷な刑罰と、それに対する反動であろうか。

衛太子・上官氏・霍氏・翟方義はいずれも皇帝位（や王莽の専権）を覆そうと企図し、また企図し得る勢力を持つものであったとすると、新垣平に対する皇帝側の「夷三族」の量刑はこれらに比肩しうる厳しいものであるといえる。

また、江充が詐言をもって三族を誅されたことを勘案しても、結果として巫蠱の乱を引き起こし、皇太子が失われた原因となった詐言と、新垣平の詐言は同等の罪と見なされたわけである。

なお、『漢書』には文帝紀に「詐覺、謀反」その師古注に「以詐發覺、自恐被誅、因謀反也」、刑法志に

「謀爲逆」、五行志上に「歳餘懼誅、謀爲逆、發覺」とあるが、『史記』には文帝本紀に該当する語は無く（「事覺」の事を謀反と取るべきか）、暦書に「作亂」とあるのみでる。このように『漢書』においては、ほぼ一貫して玉杯等の詐言が発覚したため「反」・「逆」し三族を誅されたという記述がされている。ここでは謀反の有無については結論を下すことはできないし本義ではないが、有ったとすれば新垣平に、無かったとすれば皇帝側に、過剰な対応・対処を取らしめるものがあったとも考えられる。[30]

次に、前漢代における新垣平の評価についてみてみる。

まず、文帝後三年〔前一六一〕秋に三十五日間降り続いた大雨の原因のひとつとして新垣平による詐言事件が挙げられている。[31]

また、呉楚七国の乱〔前一五四〕の前に、呉王劉濞を諫めた鄒陽はそこで新垣平を奸臣の例として挙げている。[32]

文帝の皇后竇氏は、武帝の代には竇太后とされるが、彼女は黄老の言を好み、儒家嫌いであったことが知られている。武帝の初期、竇嬰・田蚡・趙綰・王蔵らが竇氏の勢力をそぎ、儒術を隆盛させようとした際に竇太后は大怒し「此欲復爲新垣平邪（『漢書』のみの記載）」として趙綰・王蔵は追放（『漢書』田蚡伝に拠る。『同』儒林伝・百官公卿表下では死とされる）されている。[33] このことは武帝の初期まで儒家が抑制されていたことを示すとともに、竇太后にとっては（あるいは班固にとっては）新垣平の言動も、儒家のものであると目されていたと考え得るのではなかろうか。

さらに、成帝期には、晩年に祭祀や方術を好んだ成帝に対し、谷永は新垣平らが詐偽によって誅されたことを例にあげて諫めている[34]。

このように『漢書』においては、新垣平の行為が繰り返し取り上げられ、漢の皇帝支配を危うくする事態への警告としてもちいられている[35]。

あるいは、瑞祥が皇帝権威の消長にかかわり得るものとして認識されていたからこそ、偽作が明らかとなった際、族誅という重い処分が下され、後々まで名を例示されるほど人々の記憶に残ったのではないだろうか。もしくは班固段階での瑞祥の重要性の高騰があったとも考えられる。

前漢前半期に成立した郊祀について、金子修一氏は「総じて儒家思想とは関係がうすく、方術的、呪術的な色彩の強い祭祀であった」と位置づけ、前漢後半期に郊祀制の改革が行われた儒家思想と区別している。そして、その文脈において新垣平の一連の行為を「方術的」としている[36]。だが、果たしてそのように前漢前期の「方術的」な思想を、後期の儒家思想と区分し得るものなのだろうか。董仲舒による公羊春秋の災異化や、王莽や光武帝の讖緯の利用を勘案するに「方術的」な側面も儒学はあらかじめ内包していたのではなかろうか。

ただ、文帝期においては時宜を得ず、理論的にも未整備な段階であって、皇帝権力による瑞祥利用という点では挫折し、前節にみたような宣帝期における展開を待たねばならなかったのではなかろうか[37]。

おわりに

武帝親政期から霍光専権期にかけて徐々に地歩を固めつつあった儒学にとって、宣帝親政期は皇帝に理論を提供できるまたとない好機であった。結果的には循吏と酷吏を兼用し、覇道と王道とをまじえる漢家の制度を主張した（「漢家自有制度、本以覇王道雑之。……乱我家者、太子也」『漢書』元帝紀）宣帝の治世にあっては、専制権力の権威を正当化し、高揚させる理論として利用されることとなった。しかし、社会に浸透した儒家思想（の勢力）は次代に儒家思想を好む元帝をむかえることで、その躍進が約束されていたと言っても過言ではないだろう。

前漢代の昭帝期以降において皇帝の専制支配の権威は儒家思想の影響下に在った。しかしそれは、儒家側が一方的に皇帝の権威を取り込み、規制したのではなく保科季子氏の指摘するように皇帝側の意思が働いていたのであろう。漢代の皇帝権力にとって武帝の死後は試行錯誤の連続であった。漢代前期においては、高祖、高后、文帝（動揺はあったが）、景帝、武帝と漢家の長としての皇帝とそれに対し個人的な紐帯を持つ近臣により国家の中枢を担うことができた。しかし、幼少の昭帝、正嫡でなく民間より見出された宣帝と続き、成帝以後は正嫡が皇帝を継ぐことはない状況が続くと漢家の長（で在るためには正嫡かつ成人で有ることが望まれるだろう）という権威は弱まった。ここに至り専制権力を揮い得るこの新たな権威、換言すれば皇帝として吏民を支配する正当性の付加が求められたのではないだろうか。そこでもちいられたのが、古制・古礼を権威とし、墨家や道家、陰陽家の説を併せ、天人相関思想や五行説、災異説で補強されたこの時期の儒家思想だったのではなかろうか[38]。

前漢代の皇統を管見するに、皇帝の権威の源泉とは究極的には王朝の創建者劉邦、併せて、儒家の理論を取り入れた後は上帝に由来するが、直接的には前代の皇帝との関係性が大きいのではなかろうか。文帝は高祖の子ではあるが、恵帝や高后（皇帝位には無いが実質的な専制権力者）との関係は無いため、漢代前期においては唯一、仁君たる態度をもって帝位に在り、災異を畏れ、天下に赦令や賜爵をすることが頻繁だった。宣帝も同様の立場にあったが、赦令や賜爵の際に、儒家理論の変容をうけて、より帝位の正当化に役立つ瑞祥を利用することが可能となった。即位の後の本始二年六月に武帝の廟を尊んで世宗廟とし、武帝が行幸した郡国に廟を立てたのは、武帝の鴻業を顕彰し、その権威に頼るという目的とともに、先代の昭帝よりも、直系に連なる武帝の後を承けたというアピールともなろう。

前漢後期、儒家思想が皇帝権力を相対化したということは通説に対しては、当該期における皇帝権の変容は、絶対化か相対化か、あるいは強大化か弱体化かといった権力や権威の消長の問題ではなく、漢家の長たる皇帝から儒家思想と融合、補強された皇帝（受命された天子）へという支配の質的な転換を意味するのではないだろうか。

無論、漢家の権威が消滅したわけではない。王莽の新が儒家の理念を執拗に採り入れざるを得なかったのは、当時にあっても劉氏の皇統つまりは高祖の末裔であることが専制権力の権威付けに依然として力を持っていたことの反証となり得る。そして同様に、前漢末から続く社会の混乱の再編成が王莽ではなく光武帝劉秀に為し得たのは、両者の権力の基盤や政治状況の違いを捨象することがゆるされれば、双方の行った符命や讖緯といった儒家思想による権威づけに加えて、劉氏の係累であるという権威が吏民に求められていたことにも拠るのではないだろうか。しかし、後漢に幼帝や非正嫡の皇帝が出ても、王朝の存続が為せたのは漢家の権威のみに拠らない皇帝が成立していたことをその一因としうる。始皇帝の創出した皇帝は、前漢後半においてようやくその制度的な確立を果たすのである。

注

1　『史記』儒林列伝「叔孫通作漢禮儀、因爲太常、諸生弟子共定者、咸爲選首、於是喟然歎興於學。然尚有干戈、平定四海、亦未暇遑庠序之事也。孝惠・呂后時、公卿皆武力有功之臣。孝文時頗徵用、然孝文帝本好刑名之言。及至孝景、不任儒者、而竇太后又好黄老之術、故諸博士具官待問、未有進者」。また、西川靖二「漢初における黄老思想の一側面」（『東方学』六二、一九八一）など参照。

2　福井重雅「儒教成立史上の二三の問題―五経博士の設置と董仲舒の事跡に関する疑義」（一九六七初出、『漢代儒教の史的研究』汲古書院、二〇〇五所収）。なお、「儒教国教化」問題とその研究史整理としては、渡邉義浩『後漢国家の支配と儒教』（雄山閣出版、一九九六）や、同『後漢における「儒教國家」の成立』（汲古書院、二〇〇九）の「序論」、福井『漢代儒教の史的研究』の「緒言」、保科季子「圖讖・太學・經典―漢代「儒教國教化」論争に對する新たな視座」（『中国史学』一六、二〇〇六）、同「近年の漢代「儒教の国教化」論争について」（『歴史評論』六九九、二〇〇八）などがある。

3　西嶋定生「皇帝支配の成立」（一九七〇初出、のち『中国古代国家と東アジア世界』東京大学出版会、一九八三所収）。

4　冨田健之「前漢武帝期以降における政治構造の一考察―いわゆる内朝の理解をめぐって」（『九州大学東洋史論集』九、一九八一）。その後も、同「内朝と外朝―漢朝政治構造の基礎的考察」（『新潟大学教育学部紀要 人文・社会科学編』二七-二、一九八六）など、内朝と外朝の問題をめぐる継続的な議論を展開されている。

5　藤田高夫「前漢後半期の外戚と官僚機構」（『東洋史研究』四八-四、一九九〇）。

6　保科季子「前漢後半期における儒家礼制の受容―漢的伝統との対立と皇帝観の変貌」（『歴史と方法 三 方法としての丸山眞男』青木書店、一九九八）。

7　前掲注2参照。

8　福井重雅「塩鉄論議後史―儒教国教化への一段階」（『早稲田大学大学院文学研究科紀要 第四分冊』四五、一九九九）。福井氏の論考は、本章にかかわるものとして、前掲注2の福井書の他に、「読『塩鉄論』芻議」（『早稲田大学大学院文学研究科紀要 第四分冊』四二、一九九六）、「読『塩鉄論』芻議―続―」（『早稲田大学大学院文学研究科紀要 第四分冊』四三、一九九七）を参考にした。

9　戸川芳郎『古代中国の思想』（岩波書店、二〇一四（初出一九八五））、日原利国『漢代思想の研究』（研文出版、一九八六）など参照。

10　前掲注8、「塩鉄論議後史―儒教国教化への一段階」参照。

11　影山輝國「漢代における災異と政治―宰相の災異責任を中心に」（『史学雑誌』九〇-八、一九八一）。

12　この間の経緯は西嶋定生「武帝の死―『塩鉄論』の政治史的背景」（一九六五初出、のち『中国古代国家と東アジア世界』東京大学出版会、一九八三所収）に詳しい。

13　当該期の瑞祥の問題にかかわる先行研究としては、出石誠彦「漢代の祥瑞思想に関する一二の考察」（『支那神話伝説の研究（増補改定版）』中央公論社、一九七三）、松島隆裕「前漢後期における祥瑞の一考察―『漢書』宣帝紀を中心に」（『倫理思想研究』二、一九七七）、安居香山「祥瑞思想の展開と宋書符瑞志」（『大正大学大学院研究論集』九、一九八五）、中谷由一「漢宣帝の祥瑞における政治学」（『人間文化学研究集録』一一、二〇〇一）、役重文範「漢代瑞祥考」（『立命館東洋史学』三一、二〇〇八）がある。

14　『白虎通』封禪「天下太平、符瑞所以來至者、以爲王者承天統理、調和陰陽、陰陽和、萬物序、休氣充塞、故符瑞並臻、皆應德而至」

15　前掲注13出石論文参照。

16　瑞祥記事はいずれも『漢書』本紀と郊祀志などでの重複を考慮。災異ともされる流星記事などは特に瑞祥としての言及がなければ記載しなかった。また、前掲注13役重論文所載の表も参照した。役重論文では、『漢書』以外の類書などの記事も採録するが、本章では政策との関係を主要な問題とするため、『漢書』の記事にとどめた。また、『漢書』における班固のバイアスについては、板野長八「班固の漢王朝神話」（一九八〇初出、のち『儒教成立史の研究』岩波書店、一九九九所収）参照。

17　瑞祥と賜爵との関連、特に宣帝期のそれについては、前掲注13松島論文や中谷論文も参照。松島氏は宣帝の権威高揚、中谷氏は宣帝紀の瑞祥にかかわる賜爵と穀物生産の安定や流民の定着を関連付ける。

18　『漢書』惠帝紀、惠帝二年［前一九三］には「春正月癸酉、有兩龍見蘭陵家人井中（師古注「家人、言庶人之家」）、乙亥夕而不見。隴西地震」とあり、民家の井戸への龍の出現と地震の発生が続けて記載される。

19　『藝文類聚』などに所引の『東觀漢記』などの諸書にはみえる。前掲注13役重論文所載の表参照。

20　『漢書』昭帝紀「始元元年［前八六］春二月、黃鵠下建章宮太液池中。公卿上壽。賜諸侯王・列侯・宗室金錢各有差」とある。

21　前掲注12西嶋論文参照。なお、本始元年の賜爵は、上記の通り鳳凰が膠東・千乘に集ったことによるものである。

22　前漢初期の出土法律文書である『二年律令』賜律においては、爵位に応じた賜衣（二八二～二八四簡）や賜棺（二八九簡）などの規定がみえる。彭浩・陳偉・工藤元男主編『二年律令與奏讞書—張家山二四七號漢墓出土法律文獻釋讀』（上海古籍出版社、二〇〇七）、専修大学『二年律令』研究会「張家山漢簡『二年律令』訳注（七）—復律・賜律・戸律—」（『専修史学』四一、二〇〇六）参照。

23　薄井俊二「漢の文帝について—皇帝としての権威確立問題、及び対匈奴問題をめぐって」（『埼玉大学紀要　教育学部（人文・社会科学）』四四-一、一九九五）。文帝期の政治状況については、他にも、佐藤達郎「前漢の文帝—その虚像と実像」（『古代文化』五二-八、二〇〇〇）、上野有美子「前漢の文帝の政治における一考察」（『史窓』五八、二〇〇一）などを参照。即位における不安定な権力基盤とともに、その在位中には諸侯王の反乱や匈奴の侵攻があった。

24　以下煩雑となるため、『史記』文帝本紀を中心として行論にかかわる史料を載せる。また封禪書、『漢書』文帝紀や郊祀志などとの記事の異同については（表9）を参照。『史記』文帝本紀「十五年、黃龍見成紀、天子乃復召魯公孫臣、以爲博士、申明土德事。於是上乃下詔曰「有異物之神見于成紀、無害於民、歲以有年。朕親郊祀上帝諸神。禮官議、毋諱以勞朕」。有司禮官皆曰「古者天子夏躬親禮祀上帝於郊、故曰郊」。於是天子始幸雍、郊見五帝、以孟夏四月答禮焉。趙人新垣平以望氣見、因説上設立渭陽五廟。欲出周鼎、當有玉英見」。

25　『史記』文帝本紀「十七年、得玉杯、刻曰「人主延壽」。於是天子始更爲元年、令天下大酺。其歲、新垣平事覺、夷三族」（索隱「秦本紀惠文王十四年更爲元年。又汲冢竹書魏惠王亦有後元、當取法於此。又按、封禪書以新垣平候日再中、故改元也」）。

26 『史記志疑』「漢書文紀十六年九月得玉杯、令天下大酺。此與封禪書以得杯大酺在十七年、誤也。改元以日再中、而此謂因得杯、亦誤。日再中乃秦王誓燕丹妄語［見論衡異虚篇］、文帝奈何信之。又攷漢書紀・志高后元年除三族罪、史記脱不書、則族誅之法已前除之、何以新垣平復行三族之誅。豈妖誣不道、不用常典耶。刑法志譏其過刑矣。然文帝于盗高廟玉環之罪欲致之族、則又何也」

27 『漢書』高后紀「元年春正月、詔曰「前日孝惠皇帝言欲除三族辠・妖言令、議未決而崩、今除之」（師古注「罪之重者戮及三族、過誤之語以爲妖言、今謂重酷、皆除之」）。『同』刑法志「漢興之初、雖有約法三章、網漏呑舟之魚、然其大辟、尚有夷三族之令。令曰「當三族者、皆先黥、劓、斬左右止、笞殺之、梟其首、菹其骨肉於市。其誹謗詈詛者、又先斷舌」。故謂之具五刑。彭越・韓信之屬皆受此誅。至高后元年、乃除三族罪・祆言令。孝文二年、又詔丞相・太尉・御史「法者、治之正、所以禁暴而衞善人也。今犯法者已論、而使無罪之父母妻子同産坐之及收、朕甚弗取。其議」。左右丞相周勃・陳平奏言「父母妻子同産相坐及收、所以累其心、使重犯法也。收之之道、所由來久矣。臣之愚計、以爲如其故便」。文帝復曰「朕聞之、法正則民豐、罪當則民從。且夫牧民而道之以善者、吏也。既不能道、又以不正之法罪之、是法反害於民、爲暴者也。朕未見其便、宜孰計之」。平・勃乃曰「陛下幸加大惠於天下、使有罪不收、無罪不相坐、甚盛德、臣等所不及也。臣等謹奉詔、盡除收律・相坐法」。其後、新垣平謀爲逆、復行三族之誅。由是言之、風俗移易、人性相近而習相遠、信矣。夫以孝文之仁、平・勃之知、猶有過刑謬論如此甚也、而況庸材溺於末流者乎」。

28 『漢書』文帝紀「今法有誹謗訞言之罪、是使衆臣不敢盡情、而上無由聞過失也。將何以來遠方之賢良。其除之。」（師古注「高后元年詔除妖言之令、今此又有訞言之罪、是則中間曾重復設此條也。訞與妖同」）。
なお、『史記』文帝本紀との異同は無い。

29 なお、『二年律令』賊律（一〜二簡）には「以城邑・亭鄣反、降諸侯、及守乘城・亭鄣、諸侯人來攻盜、不堅守而棄去之若降之、及謀反者、皆／要（腰）斬。其父母・妻子・同産、無少長皆棄市。其坐謀反者、能偏（徧）捕、若先告吏、皆除坐者罪」とあり、謀反の罪は父母・妻子・同産に及んでいる。その範囲については諸説あるが「三族」にあたるか。専修大学『二年律令』研究会「張家山漢簡『二年律令』訳注（一）—賊律—」（『専修史学』三五、二〇〇三）参照。

30 司馬遷は詐言のみで三族を誅されることに疑問をもたず、班固は謀反というより確実な理由を必要としたのであろうか。『漢書』では高后期に廃した記述のある三族の罪がまた適用されたため、より整合性を持たせる必要があったとも考えられる。あるいは、司馬遷のときにはただ「亂」とされていた記録が時代を下るうちに「反」・「逆」と解釈されたか。

31 『漢書』五行志上「文帝後三年秋、大雨、晝夜不絶三十五日。藍田山水出、流九百餘家。漢水出、壞民室八千餘所、殺三百餘人。先是、趙人新垣平以望氣得幸、爲上立渭陽五帝廟、欲出周鼎、以夏四月、郊見上帝。歳餘懼誅、謀爲逆、發覺、要斬、夷三族。是時、比再遣公主配單于、賂遺甚厚、匈奴愈驕、侵犯北邊、殺略多至萬餘人、漢連發軍征討戍邊」。

32　『漢書』鄒陽伝「始孝文皇帝據關入立、寒心銷志、不明求衣。自立天子之後、使東牟朱虛東褒義父之後、深割嬰兒王之。壤子王梁・代、益以淮陽。卒仆濟北、囚弟於雍者、豈非象新垣平等哉。今天子新據先帝之遺業、左規山東、右制關中、變權易勢、大臣難知。大王弗察、臣恐周鼎復起於漢、新垣過計於朝、則我呉遺嗣、不可期於世矣。（應劭「……濟北王興居反、見誅。囚弟於雍者、淮南王長有罪、見徙、死於雍。所以然者、坐二國有姦臣如新垣平等、勸王共反」、如淳「新垣平詐言『鼎在泗水中、臣望東北汾陰有金寶氣、鼎其在乎。弗迎、則不至』。爲呉計者、猶新垣平之言、周鼎終不可得也」）。

33　『漢書』田蚡伝「嬰・蚡倶好儒術、推轂趙綰爲御史大夫、王臧爲郎中令。迎魯申公、欲設明堂、令列侯就國、除關、以禮爲服制、以興太平。舉適諸竇宗室無行者、除其屬籍。諸外家爲列侯、列侯多尚公主、皆不欲就國、以故毀日至竇太后。太后好黄老言、而嬰・蚡・趙綰等務隆推儒術、貶道家言、是以竇太后滋不説。二年、御史大夫趙綰請毋奏事東宮。竇太后大怒、曰「此欲復爲新垣平邪」。乃罷逐趙綰・王臧、而免丞相嬰・太尉蚡、以柏至侯許昌爲丞相、武彊侯莊青翟爲御史大夫。嬰・蚡以侯家居」、『同』儒林伝「武帝初即位、臧乃上書宿衞、累遷、一歳至郎中令。及代趙綰亦嘗受詩申公、爲御史大夫。綰・臧請立明堂以朝諸侯、不能就其事、乃言師申公。……太皇竇太后喜老子言、不説儒術、得綰・臧之過、以讓上曰「此欲復爲新垣平也」。上因廢明堂事、下綰・臧吏、皆自殺。申公亦病免歸、數年卒」、『同』百官公卿表下、建元二年「御史大夫趙綰、有罪自殺」。

34　『漢書』郊祀志下「漢興、新垣平・齊人少翁・公孫卿・欒大等、皆以僊人・黄冶・祭祠・事鬼使物・入海求神采藥貴幸、賞賜累千金。大尤尊盛、至妻公主、爵位重累、震動海内。元鼎・元封之際、燕齊之間方士瞋目扼掔、言有神僊祭祀致福之術者以萬數。其後、平等皆以術窮詐得、誅夷伏辜。（師古注「詐得、謂主上得其詐僞之情」）。

35　なお、王莽の平帝への奏上においては誅された人物とはされるが、初めて五帝廟を設けさせたとして名前を挙げられる。『漢書』郊祀志下「孝文十六年用新垣平、初起渭陽五帝廟、祭泰一・地祇、以太祖高皇帝配。日冬至祠泰一、夏至祠地祇、皆并祠五帝、而共一牲、上親郊拜。後平伏誅、乃不復自親、而使有司行事」。

36　金子修一「中国―郊祀と宗廟と明堂及び封禅」（一九八二初出、のち『古代中国と皇帝祭祀』汲古書院、二〇〇一所収）。

37　なお、目黒杏子「前漢武帝の封禪」（『東洋史研究』六九-四、二〇一一）は、文帝期における封禅（未遂）の検討にかかわりこの件に触れ、「文帝期における封禪計畫挫折の要因は、政權中樞に根強い現狀肯定の勢力の存在と、瑞祥を唯一の根據とした改革論の脆弱さにあった、といえる。改革の機運が再びめぐってくるには、功臣世代の退場と、政治情勢の變化が必要であった」として、武帝期の改革の前段階とする。

38

前掲注8福井重雅「塩鉄論議後史—儒教国教化への一段階」や、注16板野書などを参照。当然、儒家思想から皇帝権力に接近していった面もある。

表 8　前漢瑞祥表

件数	西暦	年	月	瑞祥	場所	賜爵	牛酒	賜与	賑恤	減税	赦令	備考	漢	郊	史
		高祖													
1				赤帝の子白帝の子を切る								高祖が亭長として驪山に徒を送るとき	○	○	○
2	前 206	高祖 1	十月	五星聚于東井								『史』天官書	○		
		惠帝													
1	前 193	惠帝 2	正月	両龍	蘭陵縣							庶人の井戸の中に現れる。災異とすべきか	○		
		文帝													
1	前 165	文帝 15	春	黄龍	成紀縣								○	○	○
2	前 164	文帝 16	九月	玉杯								次年を後元年とするも、新垣平の詐言であることが発覚	○	○	○
		武帝										在位 53 年間　親政 42 年間（太皇太后 129 年死）			
1	前 135	建元 6	八月	星孛于東方、長竟天									○		○?
2	前 123	元朔 6		白鹿	天子苑										○
3	前 122	元狩 1	十月	白麟（一角獣）	雍縣							『漢』終軍伝にもみえる	○	○	○
4				奇木	雍縣							『漢』終軍伝「時又得奇木、其枝旁出、輒復合於木上」			
5	前 121	元狩 2	夏	馬	余吾水								○		
6				象	南越獻ずる								○		
7				能言鳥	南越獻ずる								○		
8	前 120	元狩 3	春	星孛于東方							△	「夏五月、赦天下」とある。関連するか？	○		
9	前 116	元鼎 1		鼎	汾水								○		
10	前 112	元鼎 4	六月	鼎	后土祠							元鼎五年十一月詔「冀州脽壤乃顯文鼎」	○	○	○
11			秋	馬	渥洼水								○		
12				黄雲	中山							晏温、有黄雲蓋焉			○
13				麃	中山							有麃過、上自射之、因以祭云			○
14				黄白雲	甘泉宮							有黄白雲降蓋、若獸爲符			○
15				弓矢	甘泉宮							路弓乘矢、集獲壇下			○
16	前 111	元鼎 5	十一月	若景光十有二明								辛巳の詔で辛卯のことを言及（紀）	○	○	○
17	前 110	元封 1	正月	駮麃	中嶽								○		
18				（山神）呼萬歳者三	嵩高								○		
19			四月	奇獸蜚禽及白雉諸物								縱遠方奇獸蜚禽及白雉諸物、頗以加祠。兕旄牛犀象之屬弗用			○
20				封禪祠、其夜若有光、晝有白雲起封中								泰山封禅の後			○

件数	西暦	年	月	瑞祥	場所	賜爵	牛酒	賜与	賑恤	減税	赦令	備考	漢	郊	史
21			秋	星茀于東井									○	○	○
22				星茀于三能								有司「陛下建漢家封禪。天其報徳星云」	○	○	○
23	前 109	元封 2	六月	芝、九莖連葉	甘泉宮		○				◎	『史』封禅書にもみえる	○		○
24	前 107	元封 4	三月	光								詔で言及「祭后土地祇、見光集于靈壇」	○		
25				光	中都宮					○	○	詔で言及「幸中都宮、殿上見光」	○		
26	前 104	元封 5	冬	蛟	江中							登灊天柱山、自尋陽浮江、親射蛟江中、獲之	○		
27	前 105	元封 6	三月	昆田出珍物、化或爲黄金	首山							詔で言及	○		
28				神光	河東郡				◎		○	同上の詔で言及	○		
29	前 103	太初 2		光應	介山						○	四月の詔で言及	○		
30	前 95	太始 2		白麟	隴首（隴山・首山）							三月の詔で言及	○		
31				天馬	渥洼水							三月の詔で言及。元鼎四年秋の事か	○		
32				見黄金	泰山							三月の詔で言及	○		
33	前 94	太始 3	二月	赤鴈	東海郡			○	○			行幸東海	○		
34	前 90?	征和 3?		無雲如雷者三	雍縣							これ以下四件は泰山修封の後に記述される（郊）		○	
35				如虹氣蒼黄								紀では泰山修封は征和四年三月		○	
36				若飛鳥集、聲聞四百里	棫陽宮南									○	
37	前 89	征和 4	二月	隕石二	雍縣							二月丁酉、隕石于雍、二、聲聞四百里。紀・郊ともに記載	○	○	
38	前 88	後元 1	正月	羣鶴	泰畤						◎	二月の詔で言及、北辺巡行中に見た光景が泰畤で見えた	○		
39	前 87	後元 2		長安獄中有天子氣								宣帝紀	○		
40		武帝時		騶牙								『史』滑稽列伝			
		昭帝													
1	前 86	始元 1	二月	黄鵠	建章宮太液池中							賜諸侯王、列侯、宗室金錢各有差	○		
2	前 84	始元 3	十月	鳳凰	東海郡								○		
		宣帝										在位 24 年間　親政 19 年間			
1	前 73	本始 1	五月	鳳凰	膠東国・千乗郡	◎	◎			◎	◎		○		
2	前 72	本始 2		白鶴	後庭	△	△					これ以下六件は世宗廟を立てたときの記述。郊祀志では宣帝三年のときとされる。本紀では本始二年五月の条の詔で立廟のことが記述される　瑞祥の記述はない。ただ、「武帝巡狩所幸之郡國、皆立廟。賜民爵一級、女子百戸牛酒」とある		○	
3				五色の雁	昭帝廟									○	
4				神光	西河郡									○	
5				白鶴	西河郡									○	
6				鐘の音	廣川国									○	
7				光	廣川国									○	

8	前70	本始4	五月	鳳凰	北海郡安丘縣・淳于縣								○	
9	前68	地節2	四月	鳳凰	魯郡						◎	二年春三月庚午、大司馬大將軍光薨	○	
10	前65	元康1		鳳凰	泰山・陳留郡	◎	◎	◎	◎	◎	◎	三月の詔で言及（元康元年春、以杜東原上爲初陵）	○	
11				甘露	未央宮							同上の詔で言及	○	
12	前64	元康2	三月	鳳凰		◎	◎		◎				○	
13				甘露								「以鳳皇甘露降集」	○	
14			夏	神爵	雍縣							元康三年六月の詔で言及	○	
15	前63	元康3	春	神爵	泰山	◎	◎		◎			「以神爵數集泰山」	○	
16				五色の鳥	屬縣							元康三年六月の詔で言及。春夏擿巣探卵、彈射飛鳥。具爲令	○	
17	前62	元康4	正月	数有美祥	甘泉・泰畤							下の記事と同様か		○
18				神爵五采	長樂・未央・北宮・高寢・	◎	◎	◎	◎			三月の詔で言及	○	
19				（神爵・五采の鳥？）	甘泉・泰畤・上林苑									
20				神爵		◎	◎		◎	◎○		同上の詔で言及	○	
21				金芝九莖	涵徳殿							同上の詔で言及	○	
22				奇獸	九眞獻ずる							同上の詔で言及	○	
23				白虎	南郡							同上の詔で言及	○	○
24				威鳳	南郡							同上の詔で言及	○	
25				神魚	黄河							同上の詔で言及	○	
26	前61	神爵1	三月	神爵	萬歳宮							同上の詔で言及・改元の理由とされる	○	○
27				鼎	美陽縣							宗廟に納めず		○
28	前60	神爵2	正月	鳳凰	京師						◎	神爵二年二月の詔で言及　郊祀志では杸栩	○	○
29				甘露	京師							同上の詔で言及	○	
30				宝玉	杸栩縣							上記の鳳凰の集った場所で得る		○
31	前58	神爵4		鳳凰	京師	◎	◎		◎		◎	二月の詔で言及	○	○
32				甘露	京師							同上の詔で言及	○	○
33				鸞鳳								同上の詔で言及	○	
34				神光								同上の詔で言及	○	
35				神爵	京師									○
36			十月	鳳凰	杜陵								○	
37			十二月	鳳凰	上林								○	○
38	前55	五鳳3	正月	神光	河東郡	◎	◎		◎	◎	◎	三月の詔で言及	○	
39				甘露	河東郡							同上の詔で言及	○	
40				神爵	河東郡							同上の詔で言及	○	
41			三月	鸞鳳	長樂宮東闕中樹上							同上の詔で言及。「大酺五日」	○	
42	前53	甘露1	四月	黄龍	新豐縣								○	○
43			夏	鍾飾り・銅人に毛	建章・未央・長樂									○

件数	西暦	年	月	瑞祥	場所	賜爵	牛酒	賜与	賑恤	減税	赦令	備考	漢	郊
44	前52	甘露2		鳳凰		◎	◎		◎	◎	◎	正月の詔で言及	○	
45				甘露								同上の詔で言及	○	
46				黄龍								同上の詔で言及、甘露元年4月のことか？	○	
47				醴泉								同上の詔で言及	○	
48				枯槁榮茂								同上の詔で言及	○	
49				神光								同上の詔で言及	○	
50	前51	甘露3		鳳凰	新蔡縣	○		○	○	○		二月の詔で言及	○	
51	前49	黄龍1	二月	黄龍	広漢郡							師古注引漢注　改元の理由とする	○	
52			十二月	鳳凰	郡国五十余所							宣帝喪葬の際に「大赦天下」		○
		元帝										翟方義伝		
1		元帝時		白虎										
		成帝												
1	前31	建始2	正月	神光						◎	○	詔で言及。泰畤・后土を南郊・北郊に移し上帝を郊祀した際	○	
2	前20	鴻嘉1	冬	黄龍	眞定縣								○	
3	前19	鴻嘉2	三月	雉	諸官府・承明殿							博士官の射礼の際「舉敦厚有行義能直言者」	○	
4	前14	永始2	二月	龍	東萊郡				◎	◎		詔で言及。星隕・日食とともに災異として記載	○	
5	前12	永始4	正月	光	甘泉泰畤の紫殿	○		○	○		◎		○	
6	前9	元延4		甘露	京師			○					○	
7		成帝時		古磬	犍爲郡於水濱							犍爲郡於水濱得古磬十六枚。『漢』礼楽志		
		平帝												
1	後1	元始1		白雉	越裳氏獻ずる								○	
2				黒雉	同上								○	
3	後2	元始2	春	犀牛	黄支国獻ずる								○	

※賜与：銭、三老孝弟力田への布帛賜与、賑恤：貧民や鰥寡孤獨高年への布帛賜与
◎：天下への施策、○：地域限定の施策、◎○：天下・地域両方、△：瑞祥と施策とが関連するか不明確
漢：『漢書』本紀、郊：『漢書』郊祀志、史：『史記』本紀

表９　新垣平関連の記事における罪科の表現と年代の矛盾

『史記』	黄龍	新垣平謁見	設五帝廟	郊見五帝廟	玉杯	日復中	改元	周鼎	罪科・誅・備考
文帝本紀	十五年	→同年	→同年	十六年	十七年		於是天子始更爲元年	○	其歳、新垣平事覺、夷三族
集解（應劭曰）									詐令人獻之
索隱						○			封禪書以新垣平候日再中、故改元也
漢興以來將相名臣年表	十五年			十六年					後元年　新垣平詐言方士、覺、誅之
曆書									後作亂
封禪書（文帝即位十三年）	後三歳＝十五年？	其明年＝十六年？	→同年	→同年四月	其明年＝十七年？	○	於是始更以十七年爲元年	○	人有上書告新垣平所言氣神事皆詐也 下平吏治、誅夷新垣平

『漢書』	黄龍	新垣平謁見	設五帝廟	郊見五帝廟	玉杯	日復中	改元	周鼎	罪科・誅・備考
文帝紀	十五年春	→同年	→同年	十六年四月	→同年九月		明年＝十七年改元		後元年冬十月、新垣平詐覺、謀反、夷三族
應劭									詐令人獻之
張晏						○			新垣平候日再中、以爲吉祥、故改元年、以求延年之祚也
師古									以詐發覺、自恐被誅、因謀反也
刑法志									謀爲逆、復行三族之誅
郊祀志上（文帝即位十三年）	明年…明年＝十五年	→同年	→同年	明年＝十六年四月	其明年＝十七年	○	於是始更以十七年爲元年	○	人有上書告平所言皆詐也 下平吏治、誅夷平
郊祀志下（谷永説上曰）									平等皆以術窮詐得、誅夷伏辜
師古									詐得謂主上得其詐僞之情
郊祀志下（王莽奏言）			十六年						後平伏誅
五行志上								○	歳餘懼誅、謀爲逆、發覺、要斬、夷三族

第五章　賜与・賑恤政策からみた漢代の皇帝権力

はじめに

中国古代において、統一国家は皇帝による専制という形態で出現した。それでは、ただ一人の人間を専制君主として戴く国家において、皇帝はいかなる正当性を持って君臨したのだろうか。また、それは同時に民衆がいかなる正当性でもって皇帝を推戴していたのかを問うことでもある。

明確な画期や指標については論者によって異なるが、前漢武帝期とそれ以降の支配構造・社会構造の変化について言及されることは多い[1]。また、同時期に賜爵とそれに付随する賜物や公田仮与政策が、変化することも指摘されている[2]。前漢後半期の小農民と皇帝の関係に関しては、共同体機能を前提とするか否かによって大きく視角は異なるが、賜与や賑恤は皇帝と社会（民衆）が直接的に交通する場といえよう。本章では中国古代の皇帝権力が、その草創期においていかに機能し、いかに在地社会と関わり、そして、その関係はいかに変質したかを問い、そこから正当性を探ることを試みるものである。

一　皇帝支配の正当性―賜与と賑恤の背景について

1　山林藪沢の君主による独占と帝室財政

漢代の財政について加藤繁氏は、大司農（もと治粟内史。『漢書』百官公卿表上「治粟内史、秦官、掌穀貨、有兩丞。景帝後元年更名大農令、武帝太初元年更名大司農」）が管掌し、田租・算賦の収入に拠り、官吏の人件費や軍事費として支出される国家財政と、少府が管掌し、「山沢の税」・「江海陂湖の税」・「園の税」・「市井の税」・「口賦」・「苑囿池籞の収入」・「公田の収入」・「献物及び酎金」・「銭の鋳造」に拠り、帝室の生活費や、祭祀・儀礼、賞賜に用いられる帝室財政とに二分されることを説いた。また、『漢書』王嘉伝に

孝元皇帝〔位前四八～前三三〕奉承大業、温恭少欲、都内錢四十萬萬、水衡錢二十五萬萬、少府錢十八萬萬。

とあり、『太平御覧』六二七所引桓譚『新論』にも

漢定（宣？）以來、百姓賦歛（斂？）一歳爲四十餘萬萬、吏俸用其半、餘二十萬萬藏於都内、爲禁錢。少府所領園地作務之八（入？）十三萬萬、以給宮室供養諸賞賜。

とあることから、少府とそれに属する水衡の扱う帝室財政の規模は、大司農に属する都内の扱う国家財政を凌駕していたことを指摘する。そして、このような帝室財政の財源として、「山沢の税」・「江海陂湖の税」・「園の税」・「苑囿池籞の収入」などといった自然資源をあげるのである。[3]

この加藤氏の説を発展させ、増淵龍夫氏は、商業や製塩・製鉄などの手工業の原料供給の場として、また君主直属の公田として開発されることにおいても重要な意義をもつ山林藪沢が、戦国期に君主により占有・家産化され、それが専制君主権力の確立において重要な経済的基盤の一つとなったとする。[4]

つまり、漢代において国家財政を凌駕する帝室財政の主な収入源は山林藪沢における自然資源であり、自然資源の占有は専制君主権力の発生段階においても重要な物質的基盤となったというのである。

それでは、「重要な基盤」として集積された自然資源は、いかなる場において専制君主権力を支えたのであろうか。西嶋定生氏は「京師百官の棒禄や軍隊兵馬の費用などは、国家財政の管轄機関である大司農府から支出されているのであるから、君主の家産としての山沢公田の収益がどのような形で君主権の強化に役立ち、官僚制のささえになったかはさらに検討すべき問題が残されているようである。」とする。[5] ここでは、私権の拡大がそのまま公権となるわけではなく、そこには公権として転化する正当性が求められることとなる。また、それがいかに獲得されたのかということも問題となるのである。

そこで、小論では秦から前漢における時代の特質の一つでもある帝室財政[6]の用途について検討を加えることにより、国家権力における皇帝の位置づけを見出すことを試みたい。

2　賜与と賑恤

先述のように、帝室財政の用途には祭祀・儀礼とそれと密接に関わる賞賜があった。また、帝室の公田や苑囿は災害時や貧民救済の際にもちいられることでも知られている。[7]

西嶋定生氏は、氏族制の解体により個別化された小経営農民と郷里社会の自律的秩序の喪失を前提に、民爵の賜与による皇帝と小農民の（それは伝統的な年歯秩序に矛盾しない）結合によって、最末端の行政区画である里に新たなる秩序形成が行われ、皇帝による「個別人身的支配」はこの秩序構造の上に展開することを説く。つまり、皇帝による小農民の「個別人身的支配」は民爵の賜与を媒介として位置づけられるのである。[8]

さらに、岡村秀典氏は、西嶋氏が賜爵に付随するとする「牛酒」の賜与について、牛を「威信財」とみなした上で、殷・周からの王室祭祀の儀礼的な下賜・贈与交換の系譜に位置づけ、一般庶民もこの贈与交換のシステムに包摂されたとする。[9]

また、賜爵とそれに付随する諸々の賜与がいかなる在地社会の上に展開したかということも問題となる。飯尾秀幸氏は、睡虎地秦簡にみえる秦律の分析にもとづき、統一秦の国家意思は「在地の共同体諸関係の存在を前提とした農民支配」を行い、「共同体諸関係の崩壊防止を意図」していたとする。つまり、中国古代における統一国家はその当初、生産・経済の単位として里を把握し、その自律的秩序の存在を前提とした支配を行っていたのである。[10] であるならば、爵によって社会の秩序形成が行われるという仮定は再考する必要があることになる（西嶋氏は、典型的には徙民によって行政的に置かれた「新県」において機能するとするが）。また同様に、民爵を皇帝―個人間の紐帯としてとらえることも、上記のような里の機能からすると再検討しなければならない。

また、東晋次氏は「支配する側が、ある社会単位を押さえれば支配がより十全に行われるとの観測から、その社会レベルの団体に支配や管理の照準をあわせるということは一般的に存在しよう」として、前漢後期（宣・元帝期）に「女子百戸牛酒」の賜与が多見することなどから、当該期における「里の再編企図」と、支配の対象として里がまだ意味を持っていた（「少なくとも支配する側からはそのようにみなされた」）ことを主張する。[11]

私は如上の二氏の説から、前漢初期段階においても、地縁的な共同体諸関係が機能していて、その利用なくしては国家による把握は成立しえないと考え、皇帝による爵をはじめとした賜与は、公田仮与や貧民救済などの賑恤と同じく、皇帝を頂点とした国家による共同体の再生産機能の保障・維持全般に意義があると考えてよいように思う。

また、漢代においては『史記』封禪書に

高祖十年〔前一九七〕春、有司請令縣常以春二月及臘祠社稷以羊豕、民里社各自財以祠。制曰「可」。

とあり、『漢書』郊祀志上にも

高祖十年春、有司請令縣常以春二月及臘祠稷以羊彘、民里社各自裁以祠。制曰「可」。

とある（この「自裁以祠」について師古注は「隨其祠具之豐儉也」とする）。このように、通常ならば、共同体の「自財」・「自裁」で行われている里の社祀が、国家の慶事をともなうときには「女子百戸牛酒」や点にある。[12]

「酺」を通して、皇帝の名の下に行われている。このことの意義は国家と里（共同体）の関係を示している

3　徳と刑

賜与と賑恤の理念的背景としては、『禮記』月令に

天子布徳行惠、命有司發倉廩、賜貧窮、振乏絶。開府庫、出幣帛、周天下。勉諸侯、聘名士、禮賢者。

とあるように、儒家の理想とする君主の要素として表現される「徳」があるが、それは実体としては即物的な意味を有していた。増淵龍夫氏は「官僚制の成立とその社会的性格」において、『韓非子』二柄篇

明主之所導制其臣者、二柄而已矣。二柄者、刑・徳也。何謂刑徳。曰、殺戮之謂刑、慶賞之謂徳。……

故田常上請爵祿而行之羣臣、下大斗斛而施於百姓……。

を引き、法家の徳（慶賞）と儒家の徳とは「それを基礎付ける思想体系においては全く異なったものである。しかしながら……当時の一般の生活感情のなかでどのような行為関連を表現しているものであるかを考えていくと……現実的基盤は、実は同一の歴史的現実の世界のなかにある」とし、戦国から漢初の史料を検討して、「徳」が「具体的行為に即した恩恵の授受」であるとする。[13]

私見では先秦期に家臣・食客へ施されていたこのような「徳」が、君主から自「国民」へ、秦による統一以後は皇帝から「天下」へ施されるようになるということに、皇帝が国家（財政）を運営し官僚を掌握する権能を獲得する要因のひとつがあると考える。具体的には『史記』齊太公世家に

（頃公）十一年〔前五八八〕……（前年の鞍の戦いで晋に敗れた）齊頃公朝晉、欲尊王晉景公、晉景公不敢受、乃歸。歸而頃公弛苑囿、薄賦斂、振孤問疾、虚積聚以救民、民亦大説。厚禮諸侯。竟頃公卒、百姓附、諸侯不犯。

とあるように、君主が私産である苑囿の開放や減税によって、死後においても自身が民心を掌握し支配権を維持しようとした例がみえる。ここに、漢代の賜与賑恤の機能の淵源・雛形をみてとれないだろうか。

このように、主に山林藪沢を財源とする帝室財政によって賜与・賑恤を行うことにより、君主はその権力の正当性を生成させる。換言すれば君主権力の正当性の源泉は自然資源の再分配にある。そして、爵をはじめとした皇帝による賜与は、公田仮与や貧民救済などの賑恤と同じく、共同体の再生産機能の保障・維持といった共同体の存続全般にわたる意義を持つ。また、本来ならば、共同体内で完結している（「自財」・「自裁」）里の社祀が、皇帝の名の下に（「女子百戸牛酒」や「酺」）行われることにも同様の意義があった。

賜与・賑恤は根源的・表象的には君主の「徳」の発現として機能していた。そして、皇帝は最大の施徳（可能）者である。そのことが、皇帝をして国家（財政）の運営者たらしめていたのではないか。

以上のように、君主の徳の発現としての即物的な賜与・賑恤を皇帝が共同体を通じて施すことに、その統治の正当性をみることができるのである。

二　賜与賑恤の史料上にみる政策変化

1　賜与・賑恤記事の集計

ここでは史料上多見する賜与と賑恤の記事が、前漢（莽新も含む）を通じてどのような変化があるのかをみてみたい[14]。

史料は『漢書』帝紀と王莽伝を主に調査し、適宜『漢書』表・志・列伝、『史記』、『資治通鑑』、『前漢紀』も参照した。以後、特に断りが無ければ出典は『漢書』帝紀である。

まず、与えられる「モノ」による集計を行う。

大別して、賜爵、賜牛酒、賜酺を「賜与」として理解し、税役の減免、振業や種食・公田の仮貸、逋貸勿収（税役の滞納・種食などの賃料の免除）を「賑恤」として理解した。また賜爵にともなうことの多い賜布帛錢食は、三老・孝弟・力田など顕彰の対象となる者や一般の民へは賜与として、鰥寡孤独や貧民へは賑恤として理解した。

他に、徙民、循行・遣使者、察挙・徴召、赦令（徳の発現として）も検討対象となる。

期間としては、前二〇五年から後二三年までのおよそ二三〇年間を集計し、二五年ごと（章末の表10）、一〇年ごと（章末の表11・グラフ）、皇帝在位ごと（章末の表12）、皇帝在位一〇年間で期待される回数（章末の表13）を表にした。

次に賜与と賑恤について事例ごとに概観してみよう。

2　賜与・賑恤事例についての概観

賜爵は、高祖期に三例、惠帝期に二例、高后（少帝恭）期に一例、文帝期に二例、景帝期に八例、武帝期に五例、昭帝期に二例、宣帝期に十四例、元帝期に八例、成帝期に七例、哀帝期に二例、平帝期に二例、王莽期に一例の、全五十七例ある。[15] 全国規模のものは四十九例、地域を限定したものが八例である。対象者については、西嶋氏の指摘する、「立皇太子」・「皇太子冠」記事に際しての「爲父後者」への賜爵は十一例（「民長子」一例を含む、おそらくはすべて全国規模）ある。また後漢で定式化する「孝弟力田」への賜爵は、宣帝本始元年〔前七三〕五月「天下人爵各一級、孝者二級」一例、宣帝神爵四年〔前五八〕四月「潁川吏民有行義者爵、人二級、力田一級」一例、成帝建始三年〔前三〇〕三月と成帝河平四年〔前二五〕一月とに「賜孝弟力田爵二級」の計二例があり、以上四例のみである。成帝永始二年〔前一五〕二月には

關東比歳不登、吏民以義收食貧民・入穀物助縣官振贍者、已賜直、其百萬以上、加賜爵右更、欲爲吏補三百石、其吏也遷二等。三十萬以上、賜爵五大夫、吏亦遷二等、民補郎。十萬以上、家無出租賦三歳。萬錢以上、一年。

とあり、貧民の救済や、穀物を納入して国家による賑恤を助けた者に対して賜爵や登用を行っている記事がみえる。

賜牛（羊）酒は、文帝期に二例、武帝期に三例、昭帝期に二例、宣帝期に十例、元帝期に八例、成帝期に六例、哀帝期に一例、王莽期に一例の、計三十三例ある。[16] そのうち全国規模のものは二十五例、地域を限定したものは八例である。賜爵と併記されるのは二十五例である。また、元帝期のものには「吏民五十戸牛酒」が三例あり、王莽期のもののみ「女子百戸羊酒」である。

賜酺は、文帝期に二例、景帝期に二例、武帝期に五例、昭帝期に二例、宣帝期に一例の、全十一例ある。おそらくはすべて全国規模であろう（景帝期の二例と武帝期の元光二年〔前一三三〕九月と元朔二年〔前一二七〕秋は明記されないが）。賜爵と併記されるのは文・景・昭・宣帝期で各一例（ただし、景帝期の例は『史記』本紀であり、前月に赦・賜爵）の、計四例である。他の事例と併記されるのは、景帝後一年〔前一四三〕四月に「大酺五日、民得酤酒」、武帝元鼎元年〔前一一六〕五月に「赦天下、大酺五日」、武帝太初二年〔前一〇三〕三月に「令天下大酺五日、膢五日、祠門戸、比臘」の三例である。他四例は単独で記載される。

賜布帛銭食は、文帝期に三例、景帝期に二例、武帝期に七例、昭帝期に五例、宣帝期に十二例、元帝期に七例、成帝期に五例、哀帝期に一例、平帝期に一例の、全四十三例ある。全国規模のものは二十八例、地域を限定したものは十三例（うち徙民に対する賜銭が四例）ある。同時に賜与されるため重複するが鰥寡孤独や高年などの社会的弱者へは三十一例、三老・孝弟・力田や貞婦順女などの顕彰者へは十五例みえる。昭帝元鳳元年〔前八〇〕条に「三月、賜郡國所選有行義者涿郡韓福等五人帛、人五十匹、遣歸。詔曰『朕閔勞以官職之事、其務修孝弟以教鄉里。令郡縣常以正月賜羊酒。有不幸者賜衣被一襲、祠以中牢』」とあるように、「郡國所選有行義者」らに手厚い褒賞を行っている。翌元鳳二年［前七九］「夏四月、上自建章宮徙未央宮、大置酒。賜郎從官帛、及宗室子錢、人二十萬。吏民獻牛酒者賜帛、人一匹」として大置酒にともなう賜与が行われる。[17]

税役の減免（復除）は、高祖期に七例、惠帝期に二例、文帝期に四例、景帝期に一例、武帝期に五例、昭帝期に五例、宣帝期に十例、元帝期に六例、成帝期に六例、哀帝期に一例、平帝期に二例の、全四十九例ある。全国規模のものは二十三例、地域を限定したものは二十六例ある。地域限定のうち、高祖期における功績への恩賞として六例、行幸先への九例、瑞祥による一例、災害・凶作の際の十例がある。[18]

振業や種食・公田の仮貸は、高祖期に一例、文帝期に一例、武帝期に二例、昭帝期に二例、宣帝期に四例、元帝期に七例、成帝期に二例、哀帝期に一例、平帝期に二例の、全二十三例ある。[19]前漢末においては、哀帝建平元年［前六］正月条に

太皇太后詔外家王氏田非冢塋、皆以賦貧民。

とあり、平帝元始元年［後一］六月条に

太皇太后省所食湯沐邑十縣、屬大司農、常別計其租入、以贍貧民。

とあり、同じく平帝元始二年［後二］四月条に

郡國大旱、蝗、青州尤甚、民流亡。安漢公・四輔・三公・卿大夫・吏民爲百姓困乏獻其田宅者二百三十人、以口賦貧民。遣使者捕蝗、民捕蝗詣吏、以石𣂁受錢。天下民貲不滿二萬、及被災之郡不滿十萬、勿租税。民疾疫者、舍空邸第、爲置醫藥。賜死者一家六尸以上葬錢五千、四尸以上三千、二尸以上二千。罷安定呼池苑、以爲安民縣、起官寺市里、募徙貧民、縣次給食。至徙所、賜田宅什器、假與犂・牛・種・食。又起五里於長安城中、宅二百區、以居貧民。

とある。元始二年四月条では帝室所持の安定呼池苑を罷め、そこへの徙民を行うことによる救済などと併記されるものの、いずれも王氏・王太后・王莽らによって貧民への施与が行われていることは注目すべきである。

逋貸勿收（種食などの賃料や税役の滞納の免除）は、文帝期に一例、武帝期に二例、昭帝期に三例、宣帝期に二例、元帝期に一例、成帝期に五例の、全十四例である。[20] そのうち、武帝元封元年〔前一一〇〕条に

夏四月癸卯、上還、登封泰山、降坐明堂。詔曰「朕以眇身承……自新、嘉與士大夫更始、其以十月爲元封元年。行所巡至、博・奉高・蛇丘、歴城・梁父、民田租逋賦貸、已除。加年七十以上孤寡帛、人二匹。四縣無出今年算。賜天下民爵一級、女子百戶牛酒」。

とあるもののみ地域限定である。割合としては昭帝期と成帝期がおよそ五年に一回のペースで突出している。

徙民は、高祖期に一例、景帝期に一例、武帝期に七例、昭帝期に二例、宣帝期に三例、成帝期に一例、平帝期に一例の、全十六例ある。[21]
そのうち陵邑を中心とした関中への徙民が十一例、武帝期の朔方（元朔二年〔前一二七〕）、隴西・北地・西河・上郡・會稽（元狩四年〔前一一九〕）、張掖・敦煌（元鼎六年〔前一一一〕）といった辺郡への徙民が三例、離反した武都の氐人や江湖の賊成重らを徙した例もある。

循行・遣使者は全二七例あり、挙・徵は全四十三例ある。[22] これらは「徳治」の表象としての存問・登用としての位置づけもできる。平帝期において在位六年間に四回と、少ない例ながら割合が突出するのは「徳治」の姿勢のアピールであろうか。また、王莽期にも挙・徵は平均以上の割合で行われ、同様の意図を看取できる。

赦令は全一三二例あり、単独で出されるのは八十七例である。これも平帝期にその割合が突出するが、王莽期も平帝期・高祖期に続く三番目の割合である。いずれも反対勢力への対抗・懐柔などといった現実の政治的な必要性が反映されているものと思われる。また、王莽伝の賜与・賑恤記事は、始建國元年〔後九〕秋条の「賜吏爵人二級、民爵人一級、女子百戸羊酒、蠻夷幣帛各有差。大赦天下」のみである。しかしながら、赦令記事が平均以上みられるということは、帝紀への記載がない場合には民への賜与・賑恤が実際にも行われなかったという推測の蓋然性が上がるとも考えられる。あるいは、王莽を不徳の簒奪者とする『漢書』撰者班固の意思が働いて賜与・賑恤記事のみ除いたのであろうか。[23]

以上のような事例において、増加が目立つ時期として、各皇帝の交代期と武帝の泰山封禅〔前一一〇〕前後が挙げられるが、小論でとくに強調したいのは、前漢後半期（とくに宣・元帝期）に突出してみられることである（章末の表10〜13・図1参照）。

この理由を考える上で、具体的にはどのような人々が賜与・賑恤の対象となったのかということも問題となろう。内容は重複するが、次節でその検討を加える。

3　賜与・賑恤の対象者についての概観

一般民への賜爵・牛酒・酺以外の対象者については、賜物によって差異がある。対象は、三老・孝弟力田・高年（七十・八十・九十以上）・「貞婦順女」など郷里社会において範たるべき人物への顕彰としての「賜与」があり、鰥寡孤獨・貧民・徙民・被災者・自力では再生産を果たしがたい者への救済としての「賑恤」がある（高年については双方の意味合いが含まれるが）と考えた。

まず、顕彰による被賜与者として、高祖二年〔前二〇五〕二月に

舉民年五十以上、有脩行、能帥衆爲善、置以爲三老、鄉一人。擇鄉三老一人爲縣三老、與縣令丞尉以事相教、復勿繇戍。以十月賜酒肉。

とあり、高后元年〔前一八七〕二月に

初置孝弟力田二千石者一人。

とあり、文帝前一二年〔前一六八〕三月に

孝悌、天下之大順也。力田、爲生之本也。三老、衆民之師也。……而以戸口率置三老孝悌力田常員……

とあるように、有徳者として郷内から選出され、郷官として県官と郷里社会の関係をとりもつ「三老」、また「孝」「悌」といった国家の望む家族的秩序の体現者や「力田」といった耕作技術の優れた者（篤農家）が文帝期までに郷官として常置され[24]、以後しばしばかれらに布帛が賜与される[25]。

高祖期から景帝期までの六十五年間〔前二〇六～一四一〕で以上の計三例がみられ、以後、武帝期、在位五十四年間〔前一四一～八七〕で一例、昭帝期、在位十三年間〔前八七～七四〕で一例、宣帝期、在位二十五年間〔前七四～四七〕で五例、元帝期、在位十六年間〔前四九～三三〕で四例、成帝期、在位二十六年間〔前三三～七〕で四例がみられる。以上のように宣・元・成帝期の六十七年間に集中し、その後はみられない。

次に「鰥寡孤獨」への賑恤をみてみる。『孟子』梁惠王下に

老而無妻曰鰥、老而無夫曰寡、老而無子曰獨、幼而無父曰孤。此四者天下之窮民而無告者。文王發政施仁、必先斯四者。

とあり、老いて妻のいない男性・老いて夫のいない女性・老いて子のいない者・孤児が、「仁」を施す際に優先するべく窮民としてその対象に位置づけられている。

このような、(十全に機能していたかどうかは検証しがたいが)再生産の困難な状況にある者が、私奴婢・流民・「悪少年」・群盗などに転落する(国家の把握から脱する)ことを防ぐ目的で実行された施策と考えられる。

前漢前半期(武帝期まで)における、全国規模での「鰥寡孤獨」に対する賑恤は、文帝前十三年〔前一六七〕に

六月、詔曰「……賜天下孤寡布帛絮各有數」。

とあり、「孤寡」への布帛絮の賑恤がみられる。武帝元狩元年〔前一二二〕四月には

詔曰「……其遣謁者巡行天下、存問致賜。曰『皇帝使謁者賜縣三老・孝者帛、人五匹。鄉三老・弟者・力田帛、人三匹。年九十以上及鰥寡孤獨帛、人二匹、絮三斤、八十以上米、人三石。有冤失職、使者以聞。縣鄉即賜、毋贅聚』」。

とあり、「鰥寡孤獨」への帛絮の賑恤がみられ、同元狩六年〔前一一七〕に

六月、詔曰「……今遣博士大等六人分循行天下、存問鰥寡廢疾、無以自振業者貸與之。諭三老孝弟以爲民師、擧獨行之君子、徵詣行在所。……」。

とあり、「鰥寡廢疾」で自ら生業を起こせない者に対する貸与がみられる。

前漢前半期では以上三例であるが、これに対して前漢後半期に入ると、宣帝が即位した元平元年〔前七四〕の立皇后記事に

十一月壬子、立皇后許氏。賜諸侯王以下金錢、至吏民鰥寡孤獨各有差。

月にも

とあり、諸侯王より吏・民・「鰥寡孤獨」へ至る金銭の賜与があらわれ、宣帝親政後の地節三年〔前六七〕三

又曰「鰥寡孤獨高年貧困之民、朕所憐也。前下詔假公田、貸種・食。其加賜鰥寡孤獨高年帛。二千石嚴教吏謹視遇、毋令失職」。

とあり、これ以後、十六例が確認できる。

この計十八例を皇帝の在位で分けると、宣帝期、在位二十五年間で十例、元帝期、在位十六年間で四例、成帝期、在位二十六年間で二例、哀帝期、在位七年間〔前七～前一〕で一例、平帝期、在位六年間〔後一～六〕で一例がみえる。

注目すべきは、宣帝期では先述した二例に前六五・六四・六三・六二・六一・五八・五五・五二年を加えた十例であり、元帝期では前四八・四四・四三・四二年の四例がみられることである。とくに、前六七年から前四二年までの二五年間は、一一回の鰥寡孤獨への賑恤政策が集中していることになる。[26]

このことから、当該期に郷里の共同体機能の解体が進行し、経済単位としての単婚家族が析出されつつあり、とくにその中での配偶者の喪失は、小農民の存立にとって致命的であったことがうかがえる。[27]

また、「高年」（あるいは年「七十」・「八十」・「九十」以上）については、「孝」の実践としての養老政策・高齢者への顕彰といった意味合いも含まれるものと思われるが、「鰥寡孤獨」と共にかれらに賜与されている例がほとんどである。文帝元年〔前一七九〕三月条には

詔曰「方春和時、草木羣生之物皆有以自樂、而吾百姓鰥寡孤獨窮困之人或阽於死亡、而莫之省憂。爲民父母將何如。其議所以振貸之」。又曰「老者非帛不煖、非肉不飽。今歳首、不時使人存問長老、又無布帛酒肉之賜、將何以佐天下子孫孝養其親。今聞吏稟當受鬻者、或以陳粟、豈稱養老之意哉。具爲令」。有司請令縣道、年八十已上、賜米人月一石、肉二十斤、酒五斗。其九十已上、又賜帛人二疋、絮三斤。賜物及當稟鬻米者、長吏閲視、丞若尉致。不滿九十、嗇夫・令史致。二千石遣都吏循行、不稱者督之。刑者及有罪耐以上、不用此令。

として、老人は帛でなければ暖を取ることができず、肉でなければ満腹にならないとされて、八十歳以上の者に、月ごとに米一石・肉二十斤・酒五斗、九十歳以上の者には、さらに帛二疋・絮三斤が支給されるとしている。[28]

貧民・困乏者・不振業者に対してや災害・疫病に際しての賑恤は、[29] 初見として文帝後六年〔前一五八〕に

夏四月、大旱、蝗。令諸侯無入貢。弛山澤。減諸服御。損郎吏員。發倉庾以振民。民得賣爵。

とあり、大旱魃・蝗害に際して、「山澤」の禁を緩和し倉庾を民衆に開放する記事がみえる。

武帝より前の六十五年間では以上の文帝期における一例のみであり、以後、武帝期に在位五十四年間で六例、昭帝期に在位十三年間で三例、宣帝期に在位二十五年間で九例、元帝期に在位十六年間で八例、成帝期に在位二十六年間で九例、哀帝期に在位七年間で一例、平帝期に在位六年間で二例、王莽期に在位十五年間〔後八～二三〕で一例である。

つまり、前漢代（新を含む）において前半（武帝以前）七例、後半二十三例がみえ、とくに宣・元・成帝在位計六十七年間に貧民や被災民への賑恤が集中していることがわかる。上記の変化とあわせてここからも元帝期前後の豪族の台頭という事態により、社会構造が変化したことを読み取れるのではないだろうか。

以上のように史書にみえる、昭・宣・元・成帝期に集中する賜与・賑恤政策は、失われていく地縁的な共同体諸機能の回復・代替を企図したものと考え得る。家産の集積とその再分配が、共同体における再生産の維持の一部を担っていたと考えれば、賜物とその対象者の変化は在地社会の変質を反映している。武帝期以降の豪族の成長は従来指摘されているが、宣帝期以降における、豪族経営の拡大と個別的な家族の析出は不可逆的な段階にまで進行していた。しかしながら、豪族経営がかつての父老子弟的共同体の機能を代替するまでには成長（理念的な面も含めて）していない状況にあって、国家の介入が表出してくる。爵制の位置づけも、漢初の功績に対する褒賞から、里の共同体的秩序形成の補助へと変質したとみるべきではないだろうか[30]。

三　前漢後半期という問題――社会構造の変化と国家の変質

1　民間の祭祀とその変容

ここでは賜与の場としての祭祀が、前漢の歴史的変遷においていかに推移したかを問題とする。そこで、まず民間における祭祀の場として里社について検討したい。

守屋美都雄氏は、『禮記』祭法

王爲羣姓立社、曰大社。王自爲立社、曰王社。諸侯爲百姓立社、曰國社。諸侯自爲立社、曰侯社。大夫以下成羣立社、曰置社（鄭玄注「大夫不得特立社、與民族居、百家以上則共立一社、今時里社是也」）。

や、『漢書』五行志中之下

（元帝）建昭五年〔前三四〕、兗州刺史浩賞禁民私所自立社。山陽橐茅鄉社有大槐樹、吏伐斷之、其夜樹復立其故處（張晏注「民間三月九月又社、號曰私社」、臣瓚注「舊制二十五家爲一社、而民或十家五家共爲田社、是私社。」、師古注「瓚説是」）。

を引き、社の包括する範囲が（鄭玄は「百家」とし、臣瓚は「二十五家」とするが）、「一つの地域集団の上に、そのますっぽりと重なる可能性を示す」ものであるとする。[31] そして、西嶋定生氏は賜爵とそれに伴う共同飲酒儀礼の場として里社を想定するのである。[32]

以下、このような性格を持つ秦漢代の里の祭祀（社祀）の変遷をみることにより、里のありようの変化を概観したい。

秦代においては『漢書』陳平伝に

里中社、平爲宰、分肉甚均。里父老曰「善、陳孺子之爲宰」。平曰「嗟乎、使平得宰天下、亦如此肉矣」。

とあり、また、『漢書』盧綰伝に

盧綰、豐人也、與高祖同里。綰親與高祖太上皇相愛、及生男、高祖・綰同日生、里中持羊酒賀兩家。及高祖・綰壯、學書、又相愛也。里中嘉兩家親相愛、生子同日、壯又相愛、復賀羊酒。

とあるように、「里中社」や、（社における祭祀かどうかは断定できないが）「羊酒」による里中の祝賀の存在がうかがえる。また、『史記』封禪書には

高祖初起、禱豐枌榆社。徇沛、爲沛公、則祠蚩尤、釁鼓旗。遂以十月至灞上、與諸侯平咸陽、立爲漢王。因以十月爲年首、而色上赤。

集解、張晏曰「枌、白楡也。社在豐東北十五里。或曰枌楡、鄕名、高祖里社也」。

とあり、高祖が沛公となる前に豊の枌楡社を祭っている。

そして、漢代に入ると、前に引いた『漢書』郊祀志上には

高祖十年〔前一九七〕春、有司請令縣常以春二月及臘祠稷以羊彘、民里社各自裁以祠。制曰「可」。

師古注「隨其祠具之豐儉也」。

とあり、県における社稷の祭祀が二月・臘に行われるとともに、里社の祭祀が民の自裁（『史記』封禪書では自財）で行われることが記されている。

そして、一〇〇年ほど時代は降り、昭帝始元五年〔前八二〕に行われた塩鉄会議の記録である『鹽鐵論』散不足篇に

古者、庶人魚菽之祭、春秋脩其祖祠。士一廟、大夫三、以時有事于五祀、蓋無出門之祭。今富者祈名嶽、望山川、椎牛擊鼓、戲倡舞像。中者南居當路、水上雲臺、屠羊殺狗、鼓瑟吹笙。貧者雞豕五芳、衞

保散臘、傾蓋社場。

とあり、共同体外の祭祀と「富者」・「中者」・「貧者」とみえる階層による祭祀の分化がみられ、「傾蓋社場」と述べられている。[33]

また、上述の『漢書』五行志中之下には

（元帝）建昭五年［前三四］、兗州刺史浩賞禁民私所自立社。山陽橐茅郷社有大槐樹、吏伐斷之、其夜樹復立其故處。

とあり、兗州刺史により民が私的に社を立てることが禁じられたことと、おそらくはそれに対する民間の反感の表出であろう挿話が載せられている。[34]

以上のように秦（陳平・盧綰伝）から漢初（郊祀志・『史記』封禪書）に確認できる、里の共同性を体現していた社の祭祀は、前漢後半期（『鹽鐵論』・五行志）に変容をみせる。高祖期の「自財」・「自裁」（里の共同性への国家の介入に対する拒絶か）から、昭帝期『鹽鐵論』・元帝期や『漢書』五行志にみられる、社祀の分化、私社への変化は里の共同性（地縁的結合）の後退と豪族（血縁的結合）の台頭を示していると考えられる。飯尾秀幸氏は、この点からも経済的単位としての家族の成立を指摘している。[35]

2　前漢後半期における国家礼制の改革

変化の進行する郷里の社会関係に対して、国家も新たなる対応をせまられる。その点に関しては当該期に国家礼制の改革が行われていたことも注目すべきである。

前漢後半期に行われた礼制（廟制・郊祀）改革の位置づけにおいて、従来は、絶対的であった皇帝権力が儒家思想によって規制・相対化されていく過程の一環であるといったみかたがなされてきた。[36] しかしながら、皇帝側が儒家礼制を受容した側面を追求した保科季子氏は「漢の皇帝は、儒教的『天子』と位置づけられることにより、個人的な資質・カリスマに依存せずに、儒教的世界の中心として君臨するようになった」とし、儒家思想が皇帝権力の絶対化に寄与したとする。[37]

ここでは前漢後半期に行われた礼制改革の一つである廟制改革、なかでも西嶋定生氏によれば「中国歴代の王朝において、はなはだ特異なこと」に郡国に建立され、「天下の民に皇帝の尊厳を意識させ、その人民支配を強化しようとした」[38] 郡国廟の改革についてみてみる。

鷲尾祐子氏によると、宗廟とは「先秦時代において……宗廟儀礼は、君主位の綿々たる継承の正統性を保証するものであり、宗廟自体が統治権を保証する権威そのもの」であり、「前漢において……国家の開祖たる劉邦の高祖廟は、国家の連続性のシンボルであり、第一に皇帝位の継承、および功臣列侯の爵位継承の象徴となる。さらに……創業者高祖の廟自体が国家を代表するものであるかのように考えられていた」ものとされる。また、宗廟制の改革は、「元帝期から王莽期に至る、儒家の伝える古礼に復したとされる」改革であり、「儒教が国教となる重要なステップと考えられ」、さらに「非礼な儀礼から、礼に従う儀礼へ移行したと考えられ、改革前後の非連続面が強調されてきた」とし、また「一方、漢の揺籃期から儀礼制定に参画（叔孫通・賈誼など）……その効能をアピールすることによって儒家は政権の一角を占めてきた」との解釈から、「前漢前半期の宗廟制度と改革以降のそれには、むしろ連続面もあると考えられる」とする。[39]

郡国廟の設置意図については、皇帝神格化説（津田左右吉氏）、家族国家観の表現（西嶋氏・板野長八氏）、劉氏の結集「太上皇廟・高祖廟とも、地方に散らばった劉氏一族に共に祖宗を祭らせようという意図」（保科氏）の三説があげられる。[40] 鷲尾氏は「同姓の結集のために族老である太上皇を祭り上げ、死後廟を郡国に設置し、さらに中央長安にも廟を設置」したことは「族を結集させるため家族紐帯を利用せんとする意図」だとし、郡国廟設置を劉姓の祖先神のみならず漢王朝の神格化であるとする。一方その廃止の理由としては財政上の窮乏（維持と祭祀の負担）があったことと、[41] 儒家の礼（元帝期の経典）と一致しないことがあげられ、以後郡国廟が置かれることはなくなる。後者については、先述したように、豪族を母体とする儒家官僚の台頭を受けて、皇帝権力が儒家思想に規定され相対化されるという、「儒教国教化」へと向かう流れのなかから従来説明されてきた。

これに対し私は、宗廟（と郊祀）の改制は社会構造と権力構造の変化の反映であると考えたい。前漢後半期の改制は、従来の国家権力の構造においては抑圧・懐柔のできなくなった豪族の興隆と、それに因る在地社会の変化に対する新たなる支配構造の模索の一側面であるといえる。儒家官僚の母体である豪族も、無論個々の立場に差異はあるが、自身の宗族の維持・伸長をにらみつつも、在地社会の崩壊（それは自身の基盤の崩壊をも意味する）を食い止める方策の模索を行った。つまり、前漢後期の礼制改革は、当該期の社会構造の変化とそれへの各階層の対応の中に位置づける必要性があると思われる。また、儒家官僚の母体となる豪族の思惑があると同時に、皇帝権力にも思惑があり、それは変化した社会構造の上に存立し得る専制権力の構築の企図である。このことは、国家機構に個人としてではなく制度として皇帝が位置づけられることを意味する。換言すれば皇帝の制度化が行われた。つまり、皇帝権力の維持とそれによる支配が皇帝個人の力量に左右される状態から、制度化されることにより、より安定したものへと脱却するのである。そして、見通しを述べるならば、これは前漢後半（元帝）期～新の試行錯誤を経て後漢に確立していくのではないだろうか。[42]

3　財政機構の一元化

さらに、同時期に財政機構の一元化が進められることも注目される。[43] 私的な側面をもつ帝室財政が国家財政へと一元化していくことは、公的な権力としての皇帝の確立の上で不可欠である。そして帝室財政と国家財政は、錯綜しつつも武帝期段階より整備され、前漢後半から後漢初にかけて統合していく。

あるいは、武帝期における再編も皇帝と国家の合接を志向していた可能性もある。山田智氏は武帝期にいたるまでに東宮家産の解体と、皇帝家産が少府財政として皇帝に直結することを述べ、このことをもって理念的な国家財政への昇華・国家と皇帝の同一化・「公」としての皇帝権の完成とみている。[44] また、河地重造氏は王莽期の財政一元化を「一元的皇帝支配の制度的完成」とし、後漢への継承をみる。[45]

その時期は異なるが、いずれも財政の一元化と皇帝権の完成を結びつけて論じている。帝室財政による賜与と賑恤という本章の論点においても、その財源の国家財政への統合は、家産的・人格的な支配から、制度的な支配へと皇帝が変質する一側面と理解することができる。

以上、前漢後半期における社会構造・国家統治の変容として、里社祀の変容にみる豪族の台頭・「家族」

の誕生、儒家官僚の進出による国家祭祀の変容と廟制・郊祀の改廃や「儒教国教化（皇帝と天子の一体化）」、財政機構の一元化をみてきた。他にも時期的に一致するものとして、内朝外朝の成立、帝陵徙民の廃止、公田・土地制度の変革などがあり、これらもまた、皇帝権力と国家権力の一体化における諸現象として捉え、同時期の社会構造の変化（「家族」の成立）とも密接に関連して考えるべきである。当該期に、社会構造の変化に対応した皇帝権力の変質があり、皇帝が制度的に国家へ位置づけられ、皇帝権力を中心とした（以後二千年間の雛形として）国家統治システムとしての完成がなされたのである。その中での皇帝の存在意義は、非人格的である国家の統治（利害の調停）を、財源は統合されたとしてもなお、頂点に立つ個人による恩恵という側面を強調しうる賜与と賑恤による社会政策でもって、擬似的に人格化することに見出せるのではないか。

おわりに

以上、本章での考察をまとめると次のようになる。

漢の財政には、国家財政とそれに規模として匹敵する帝室財政とがあった。帝室財政の主な収入源は、占有している自然資源（それは専制君主権力の物質的基盤の一つともされる）であったとされる。帝室財政の支出には、祭祀・儀礼があり、さらにそれらと密接に関わる賜与がある。また、貧民に対する賑恤には帝室財政を充てることが多かった（例えば「罷苑囿」）。賜与と賑恤には、賜爵・「牛・酒」や「酺」による郷里の共同飲酒への補助、郷里社会における教導を行い、国家権力との橋渡しともなる「三老」や、模範的な人物像である「孝・悌」・「力田」に対する顕彰、あるいは鰥寡孤獨や貧窮者に対する援助としての布帛や銭食の賜与・税役の減免、さらには税役の滞納や田種食の賃料の帳消し、徙民や公田の仮貸・帝室所有の苑囿を罷めての振業などがある。また、「徳治」の直接的・即物的な発現としても賜与と賑恤があり、察挙や徴召による賢人の登用や、使者を循行させての存問も、官吏への人材供給および災害や郷里社会の実態調査という実際的な側面は無論有しているが、有徳の皇帝による在地社会の「視察」（「省」）という意図もみることができる[46]。

このような賜与や特に賜爵による共同体機能の維持、あるいは賑恤による弱者救済は、郷里社会における貧富や弱者と強者といった両極分解への防止が意図されていた。前漢においては、思想的には皇帝の「徳」、財政的には家産によって国家の民生安定機能が担われることに、皇帝の存在意義を見出すことができるのではないだろうか。換言すれば、賜与と賑恤による山林藪沢の富の再分配に、民からの皇帝支配の正当性の付与があった。

そして、昭帝期以降、賑恤記事が多見するのは、豪族の台頭によってこうした両極分解が深刻化する郷里社会において、経済単位として析出せざるをえなくなった単婚小家族が、不作や災害によって再生産を果たしえない状況に陥ったことを示すのであろう。

さらには、成帝期以降の賑恤の減退と哀・平期において王氏による賑恤が行われることとをあわせて考えれば、酷吏から循吏への移行にみられる武帝期から宣帝期における対豪族政策の変化や、『鹽鐵論』散不足篇にみえる里の共同性とは背反した私社の出現（『漢書』五行志における刺史による禁止）、豪族を母体とする儒家官僚の進出と、彼らによる礼制改革などの国家体制変質などは、豪族の存在を前提とした国家体制の政策の模索と位置づけることができる。また、前漢後半期の改制は、従来の国家権力の構造においては抑圧・懐柔のできなくなった豪族の興隆と、それによる在地社会の変化に対する新たなる支配構造の模索の一側面ともいえる。儒家官僚の母体である豪族も、無論個々の立場に差異はあるが、自身の宗族の維持・伸長をにらみつつも、在地社会の崩壊（それは自身の基盤の崩壊をも意味する）を食い止める方策の模索を行った。つまり、前漢後期の礼制改革は、当該期の社会構造の変化とそれへの各階層の対応の中に位置づける必要性がある。そして、同時期に帝室財政を財源とする賑恤と民衆への賜与の増加があり、さらにはまた、郷里社会の変容もみられ、国家礼制の改革も行われたのである。

小農民の存立基盤である共同体機能の保護・維持を国家が担ったことは、国家が果たす機能の一つとして、自然資源の再分配が必要となったことを示す。その際に君主権力の発生する基盤の一つである山林藪沢の占有で集積した私産の再分配が行われたことに、皇帝権力の正当性の一端をみることはできないだろうか。これらが政策として活発にもちいられたのは、武帝死後の昭・宣・元帝期であるが、共同体内部から豪族経営が突出することによって生じた共同体諸機能崩壊の危機、そこに自然資源の再分配による政策がもちいられたのである。通説では、家産の縮小が個人としての皇帝恣意性の低下をもたらし、さらには皇帝権力を弱体化させる要因とされている。しかし、これらは社会の変化に皇帝権力が対応したことによる変質であり、帝室財政と国家財政の一元化は、制度としての皇帝の強化であると私は考える。

増淵氏の指摘した専制権力の基盤となる山林藪沢について、小論では、それを財源とする君主家産の具体的な使途として、賜与賑恤をとりあげ、それが専制権力の正当性の一因となると考えた。しかもそれが顕著に機能する状況は増淵氏のいう専制権力の成立の時期ではなく、先述したような、前漢後半期の社会の変化に対応してなされたものと理解した。では、その前提となる国家の発生は如何なるものとして理解すれば良いのか。いまは問題として残さざるを得ない。

注

1　例えば、西嶋定生「武帝の死―『塩鉄論』の政治史的背景」（一九六五初出、『中国古代国家と東アジア世界』東京大学出版会、一九八三所収）、重近啓樹「前漢の国家と地方政治―宣帝期を中心として」（『駿台史学』四四、一九七八）、冨田健之「前漢武帝期以降における政治構造の一考察―いわゆる内朝の理解をめぐって」（『九州大学東洋史論集』九、一九八一）、同「内朝と外朝―漢朝政治構造の基礎的考察」（『新潟大学教育学部紀要（人文・社会科学編）』二七-二、一九八六）、藤田高夫「前漢後半期の外戚と官僚機構」（『東洋史研究』四八-四、一九九〇）、保科季子「前漢後半期における儒家礼制の受容―漢的伝統との対立と皇帝観の変貌」（『歴史と方法 三 方法としての丸山真男』、青木書店、一九九八）など参照。

2　松崎つね子「漢代土地政策における貧・流民対策としての公田仮作経営」（『中国古代史研究 四』雄山閣出版、一九七六）、小嶋茂稔「前漢における郡の変容と刺史の行政官化についての覚書」（二〇〇四初出、のち『漢代国家統治の構造と展開』汲古書院、二〇〇九所収）など参照。

3　加藤繁「漢代に於ける国家財政と帝室財政との区別並に帝室財政一班」（一九一八～一九一九初出、のち『支那経済史考証』上、東洋文庫、一九五二所収）。

4　増淵龍夫「先秦時代の山林藪沢と秦の公田」（一九五七初出、『中国古代の社会と国家』弘文堂、一九六〇所収。のち『新版』一九九六）。多田狷介「魏晋政権と山川の祭祀」（一九七二初出、のち『漢魏晋史の研究』汲古書院、一九九九所収）も参照。

5 西嶋定生「泰漢帝国の出現」(一九六〇初出、『西嶋定生東アジア史論集 一 中国古代帝国の秩序構造と農業』岩波書店、二〇〇二所収)。

6 新から後漢にかけて国家財政と帝室財政は一元化するとされる。本章三節3参照。

7 西村元佑「漢代の勧農政策—財政機構の改革に関連して」(一九五九初出、『中国経済史研究—均田制度篇』同朋社、一九八六所収)。前掲注2松崎・小嶋論文参照。

8 西嶋定生『中国古代帝国の形成と構造』(東京大学出版会、一九六一)。西嶋氏に対して、近年主に史料解釈の面から籾山明氏、藤田高夫氏、楠山修作氏らから異論が出された(籾山明「爵制論の再検討」『新しい歴史学のために』一七八、一九八五。藤田高夫「漢代の軍功と爵制」『東洋史研究』五三-二、一九九四。楠山修作「女子百戸牛酒について」『東洋文化学科年報(追手門学院大・文)』一二、一九九七。ともに同『中国史論集』朋友書店、二〇〇一所収)。争点としては、藤田氏に拠れば「爵の意義を、爵を持つもの相互の関係に求める」か、もしくは「爵を與えるものと與えられるものとの間に求める」かどうか、東晋次氏に拠れば民爵賜与が里の秩序形成を果たしているかどうかにある(東晋次「漢代爵制論をめぐる諸問題」『日本秦漢史学会会報』四、二〇〇三)。つまり、皇帝—里と、皇帝—個人とのどちらの紐帯に比重を置くかどうかということである。また、西嶋氏の議論を継承・展開させた豊島静英氏は「皇帝崇拝」を惹起する装置として、民爵賜与と里社の祭祀をとらえている(豊島静英「漢代の皇帝崇拝について」『歴史学研究』五九九、一九八九)。

9 岡村秀典「中国古代王権と祭祀」(『考古学研究』四六-二(通号一八二)、一九九九(『中国古代王権と祭祀』学生社、二〇〇五所収)。

10 飯尾秀幸「中国古代における国家と共同体」(『歴史学研究』五四七、一九八五)。

11 前掲注8東論文参照。

12 賜与の財源について、例えば岡村氏は前掲注9論文において、『史記』武帝本紀に「賜民百戸牛一酒十石(約一八〇リットル)」とある例と、前漢末期の戸口統計から、全国で「いちどに一二万頭あまりの牛と二万キロリットルあまりの酒が消費された」と試算し、「太僕などの管轄する帝室の家産的生産だけでまかなえたのか、それとも郡県からも供給されたのか明らかではない」とする。ここに浮上するのは賜与の財源が帝室財政か国家財政(郡国)かという問題である。確かに、郷里レベルの賜与の財源や、現実として岡村氏の試算する量の牛・酒が用意できたかを実証することは難しい。『二年律令』(彭浩・陳偉・工藤元男主編『二年律令與秦讞書—張家山二四七號漢墓出土法律文獻讀』上海古籍出版社、二〇〇七）賜律二九〇簡に「諸當賜、官毋其物者、以平賈（價）予錢」とあるように、賜物が現金で支給された場合もあり得る。専修大学『二年律令』研究会「張家山漢簡『二年律令』訳注（七）」（『専修史学』四一、二〇〇六）参照。また、加藤繁氏は『史記』平準書の元封元年［前一一〇］条に「於是天子北至朔方、東到太山、巡海上、並北邊以歸。所過賞賜、用帛百餘萬匹、錢金以巨萬計、皆取足大農」とあり、『史記』封禪書に、同じく泰（太）山封禪時の行幸に際する賜与として「元封元年……遂登封太山、至于梁父、而後禪肅然。自新、嘉與士大夫更始、賜民百戸牛一酒十石、加年八十孤寡布帛二匹。復博・奉高・蛇丘・歷城、無出今年租稅。其大赦天下、如乙卯赦令。行所過毋有復作。事在二年前、皆勿聽治」とある例を引き、一般民衆への牛酒や布帛の賜与については、国家財政を掌る大司農から支出されているとする。また、山田勝芳氏も「祭祀関係諸費の多くが事実上国家財政の負担であった」とする（「武帝代の祭祀と財政―封禅書と平準書」『東北大学教養学部紀要』三七、一九八二）。とはいえ、これらの記事が特筆されているものと考えると、通常は帝室財政が充てられていた可能性も捨てきれない。また、武帝期の財政改革に代表されるように（例えば、山田勝芳「漢代財政制度変革の経済的要因について」『集刊東洋学』三一、一九七四。紙屋正和「前漢諸侯王国の財政と武帝の財政増収策」『福岡大学研究所報』三七、一九七八。同「武帝の財政増収政策と郡・国・県」一九八九初出、『漢時代における郡県制の展開』朋友書店、二〇〇九所収など参照）、前漢代を通じて財政収支が固定化されていたと想定することはできない。小論では掘り下げることはできないが、歴史的推移・経緯を問題とするべきである。私見では巨大な帝室財政の存在意義のひとつを一般民衆との交通にみるのだが、理念・起源としては皇帝の私産に求めるべきであり、また、漢代の財源は相互補完する場合もあるので、厳密に確定することは難しい。国家の慶事・大事における民衆への賜与は、例え理念上であっても皇帝と民衆（鄉里社会）との結合としてとらえてよいのではないか。見通しのみを述べることが許されれば、先秦～前漢初は帝室財政で賄われていたものが、武帝期に代表される財政改革を経て国家財政に移管され、それと歩調を合わせて帝室財政と国家財政が結合していくとみることはできないだろうか（無論、武帝期に塩鉄の利を国家財政へ移管することによって帝室財政では賄えなくなったという単純な見方もできるが）。また、国家的な祭祀に関する費用に関しては『漢官舊儀』下に「(上林) 苑中以養百獸。禽鹿嘗祭祠祀、賓客用鹿千枚、麕兔無數。佽飛具繒繳以射鳧鴈、應給祭祀置酒、每射收得萬頭以上、給太官」とあり、『漢官舊儀』補遺に「太僕帥諸苑三十六所、分布北邊。以郎爲苑監、官奴婢三萬人、分養馬三十萬頭、擇取給六廄、牛羊無數、以給犧牲」とあり、『漢舊儀』下に「上林苑中昆明池・鎬池・牟首諸池、取魚鼈、給祠祀。用魚鼈千枚以上、餘給太官」とあるように祭祀に給する禽獣が少府・太僕など帝室財政の管掌化で保有されていたが、これも時期を特定し歴史的推移を明示することは難しい。

13 前掲注4書所収。

14 勧農政策として検討したものに、前掲注2小嶋論文がある。

15 西嶋氏ほか爵制論については本章一節2参照。

16 前掲注8楠山「女子百戸牛酒について」、東論文参照。

17 葬銭賜与の例は小論では除外した。しかしながら『二年律令』賜律（二八八簡）に「一室二肂在堂、縣官給一棺。三肂在當（堂）、給二棺」、同（二八九簡）に「賜棺・享（椁）而欲受齎者、卿以上予棺錢級千・享（椁）級六百。五大夫以下棺錢級六百・享（椁）級三百。毋爵者棺錢三百」と棺椁賜与の例がみえ、これと関連する葬銭の賜与も国家の保障の一環として捉えるべきである。

18 重近啓樹「漢代の復除」（一九八七初出、のち『秦漢税役体系の研究』汲古書院、一九九九所収）、山田勝芳「秦漢代の復除」（『秦漢財政収入の研究』汲古書院、一九九三）参照。

19 公田については、平中苓次「漢代の公田の「假」」（一九六一初出、のち『中国古代の田制と税法―秦漢経済史研究』東洋史研究会、一九六七）、五井直弘「漢代の公田における仮作について」（一九五八初出、のち『漢代の豪族社会と国家』名著刊行会、二〇〇一所収）や、前掲注2松崎論文参照。山田勝芳氏は、公田仮与により「郡県制下に組み込む」とする（「秦漢代の公田収入」『秦漢財政収入の研究』汲古書院、一九九三）。

20 平中苓次「漢代の田租と災害による其の減免」（一九五〇～一九六一初出、のち前掲注19書所収）参照。

21 岡田功「前漢関中帝陵徙民再考―皇帝権力の一側面」（『駿台史学』四四、一九七八）参照。

22 官吏登用については、福井重雅『漢代官吏登用制度の研究』（創文社、一九八八）参照。

23 『漢書』における班固の儒家思想的バイアスについては、板野長八「班固の漢王朝神話」（一九八〇初出、のち『儒教成立史の研究』岩波書店、一九九九所収）、稲葉一郎「『漢書』の成立」（『東洋史研究』四八-三、一九八九）、福井重雅「班固と董仲舒―儒教の国教化という虚構譚の成立」（二〇〇一初出、のち『漢代儒教の史的研究―儒教の官學化をめぐる定説の再検討』汲古書院、二〇〇五所収）を参照。赦令については、佐竹昭『古代王権と恩赦』（雄山閣出版、一九九八）、宮宅潔「秦漢時代の恩赦と労役刑―特に「復作」をめぐって」（『東方学報』八五、二〇一〇）がある。

24 『漢書』百官公卿表上に「郷有三老・有秩・嗇夫・游徼。三老掌教化。嗇夫職聽訟、收賦税。游徼徼循禁賊盜」とあり、『後漢書』明帝紀注「三老・孝悌・力田、三者皆郷官之名。三老、高帝置、孝悌・力田、高后置、所以勸導郷里、助成風化也」とある。鷹取祐司「漢代三老の変化と教化」（『東洋史研究』五三-二、一九九四）参照。また、『尹灣漢墓簡牘』

（連雲港市博物館・東海縣博物館・中國社會科學院簡帛研究中心・中國文物研究所編『尹灣漢墓漢牘』中華書局、一九九七）集簿（YM六D一正）に「縣邑侯國卅八。縣十八、侯國十八、邑二。其廿四有堠。都官二。／鄉百七十、□百六、里二千五百卅四、正二千五百卅二人。／……／縣三老卅八人、鄉三老百七十人、孝弟力田各百廿人。凡五百六十八人」とあり、成帝期の東海郡という限られた事例における単純な割り算ではあるが、三老は三八の県クラスの行政単位と一七〇の鄉に各一人ずつ、孝・悌・力田計三六〇人は一七〇鄉で平均すれば二人強置かれていたものと推測できる。『尹灣漢墓簡牘』については西川利文「漢代における郡県の構造について—尹湾漢墓簡牘を手がかりとして」（『文学部論集（仏教大学）』八一、一九九七）参照。

25 三老・孝悌・力田と同じく郷官とされるが、県官から派遣される「嗇夫」や「游徼」は賜与対象として特筆されないことは、三老・孝悌・力田が郷里の民間人であるゆえであろう。

26 行幸先の地域限定で鰥寡孤獨への賑恤が行われたものには、武帝期、前一一〇・一〇九・一〇六・九四年、宣帝期前五一年、元帝期前四五年、成帝期前十三年に二例がある。

27 飯尾秀幸「中国古代における個と共同性の展開」（『歴史学研究』七二九、一九九九）参照。

28 なお、出土資料に現れる食物賜与の例として、『二年律令』傅律の三五四〜三五八簡にみえる免老規定に、高齢者への「稟鬻米月一石」という例がみえる。また、鰥寡孤獨・高年者への賑恤ではないが、『同』賜律には「二千石吏食糳（糳）・粲・穤（糯）各一盛、醯・醤各二升、介（芥）一升。（二九八簡）」、「千石吏至六百石、食二盛、醯・醤各一升。（二九九簡）」「五百石以下、食一盛、醤半升。（三〇〇簡）」「食一盛用米九升。（三〇一簡）」とあり、官吏への賜与が規定され、また「賜不爲吏及宦皇帝者、關内侯以上比二千石、卿比千石、五大夫比八百石、公乘比六百石、公大夫・官大夫、比五百／石、大夫比三百石、不更比有秩、簪褭比斗食、上造・公士比佐吏。毋爵者、飯一斗・肉五斤・酒大半斗・醤少半升。司寇・徒・隷、飯一斗、肉三斤、酒少半斗、鹽廿分升一。（二九一簡〜二九三簡）」とあり、官吏ではない有爵者や「宦皇帝」への賜与が規定される。これらは『漢書』などの史料上で賜与の際に「各有差」と表現される場合の規定かと思われる。前掲注12専修大学『二年律令』研究会訳注も参照。

29 前掲注20平中論文、注2松崎・小嶋論文参照。

30 前掲注8東氏論文、渡辺信一郎「仁孝—六朝隋唐期の社会救済論と国家」（一九七八初出、のち『中国古代国家の思想構造—専制国家とイデオロギー』校倉書房、一九九四所収）など参照。

31 守屋美都雄「社の研究」（一九五〇初出、のち『中国古代の家族と国家』東洋史研究会、一九六八所収）。池田雄一「中国古代の「社制」についての一考察」（一九七九初出、のち『中国古代の聚落と地方行政』汲古書院、二〇〇二所収）も参照。

32 前掲注8西嶋論文・豊島論文、注9岡村論文と本章一節2参照。西嶋氏は賜爵の際の里社における共同飲酒において、共同体秩序の擬制がはかられ、皇帝と人民による個別人身的支配が惹起されるとする。国家の意思としては、個別人身的支配を志向している可能性はあるが、前漢初期段階においては、地縁的な共同体諸関係が機能していて、その利用なくしては国家による把握は成立しえないと考え、皇帝の賜与によって、共同体にはたらきかけることに意義があると考える。

33 前掲注27飯尾論文参照。

34 また、『漢書』宣帝紀五鳳元年［前八〇］条には「秋八月、詔曰『夫婚姻之禮、人倫之大者也。酒食之會、所以行禮樂也。今郡國二千石或擅爲苛禁、禁民嫁娶不得具酒食相賀召。由是廢鄉黨之禮、令民亡所樂、非所以導民也。詩不云乎『民之失德、乾餱以愆』。勿行苛政』」とあり、婚姻の際の「酒食之會」を禁じることが「鄉黨之禮」を損なうとして、いたずらに禁じることを戒めている。

35 前掲注27飯尾論文、稲葉一郎「漢代の家族形態と経済変動」（『東洋史研究』四三-一、一九八四）参照。私社をなす者たちが里社を自らの思惑に利用せずに新たに共同体に拠らない（上述『鹽鐵論』散不足篇では物理的にも共同体外で、かつては行われることの無かった「出門之祭」が行われているとされる）祭祀を行ったのは何故か。国家が、変化の進行する郷里の社会関係に対して、新たなる枠組みを提供できなかったからだろうか。前漢末から新を経て後漢へという統治機構の変遷の中で、新は社会構造の変化にいかに対応し、いかに失敗したかという疑問も生まれる。また後漢政権はそれをいかに改善、あるいは継承発展したか、など課題は多い。後漢後期の『四民月令』においては里社と私社は並存している。久保田宏次「中国古代国家の変質と社会権力」（『歴史学研究』六六四、一九九四）参照。さらに、儒家思想や豪族という視角からも課題がある。『漢書』五行志の私社の禁止が国家の望む祭祀、つまり共同体の存在を前提とした祭祀からの逸脱を禁ずるものであるとして、それは儒家思想的な祭祀なのであろうか。儒家思想が、豪族的な立場に立って共同体の解体を志向するとすれば、共同体の存在を前提とした国家の望む祭祀とは違うものになるのだろうか。国家の望む祭祀は儒家思想とは異なっていて、それが漢家の制なのであろうか（前掲注1保科論文参照）。昭・宣帝期は共同体解体前夜であり、元帝期にはもはや郷里における族的結合の潮流は抑制しえなくなったと考えられる。また、前漢後半期において儒学が政治に接近するとともに、儒学それ自体が政争の具であり、統治や正当性の潤色を果たす学問としての色合いを深めていくことを考慮すべきではあると私は考える。
36　板野長八「儒教の成立」（一九七〇初出、のち『儒教成立史の研究』岩波書店、一九九九所収）、西嶋定生『秦漢帝国（中国の歴史　二）』講談社、一九七四参照。
37　前掲注1保科論文参照。
38　前掲注36西嶋書参照。
39　鷲尾祐子「前漢祖宗廟制度の研究」（『立命館文学』五七七、二〇〇二）。
40　津田左右吉「郊祀、封禅及び郡国廟」（『儒教の研究　二』、岩波書店、一九五一）、前掲注1保科論文、注36板野・西嶋論文参照。
41　『漢書』韋玄成伝には「初、高祖時、令諸侯王都皆立太上皇廟。至恵帝尊高帝廟爲太祖廟、景帝尊孝文廟爲太宗廟、行所嘗幸郡國各立太祖・太宗廟。至宣帝本始二年、復尊孝武廟爲世宗廟、行所巡狩亦立焉。凡祖宗廟在郡國六十八、合百六十七所。而京師自高祖下至宣帝、與太上皇・悼皇考各自居陵旁立廟、并爲百七十六。又園中各有寢・便殿。日祭於寢、月祭於廟、時祭於便殿。寢、日四上食。廟、歳二十五祠。便殿、歳四祠。又月一游衣冠。而昭靈后・武哀王・昭哀后・孝文太后・孝昭太后・衞思后・戾太子・戾后各有寢園、與諸帝合、凡三十所。一歳祠、上食二萬四千四百五十五、用衞士四萬五千一百二十九人、祝宰樂人萬二千一百四十七人、養犧牲卒不在數中」とある。
42　それでは、古制派儒家官僚はいかなる意図を持って国政の改革を行おうとしたのだろうか。私は、彼らがいたずらに国政を混乱させようと意見しているのではなく、「古制」に擬して在地社会の実態に応じた要求を行っていると考える（無論、一概にそうとはいえず、真面目に「古制」に反そうと考えている者もいるとは思われるが）。好並隆司「前漢後半期の古制・故事をめぐる政治展開」（二〇〇一初出、のち『前漢政治史研究』研文出版、二〇〇四所収）も参照。
43　財政一元化については例えば、平中苓次「秦漢時代の財政構造」（一九六二初出、のち前掲注19書所収）参照。
44　山田智「漢代専制的皇帝権の形成過程」（『歴史学研究』七九四、二〇〇四）。
45　河地重造「王莽政権の出現」（『岩波講座世界歴史（旧版）』四、岩波書店、一九七〇所収）。
46　白川静『字通』（平凡社、一九九六）、小倉芳彦「左伝における覇と徳―「徳」概念の形成と展開」（一九六〇初出、のち『中国古代政治思想研究』青木書店、一九七〇所収）を参照。

平均以上

平均の倍以上（総計では 1.5 倍以上）

表 10　25 年間隔

スパン 25		赦	賜爵	牛酒	酺	布帛銭食	減税繇役	逋貸勿收	循行・遣	挙・徴	徙	賑・公田仮貸	その他	総計
1 期（高恵呂）	前 205～	14	6	0	0	0	9	0	0	1	1	1	8	40
2 期（呂文）	前 180～	6	3	2	2	3	5	1	1	2	0	1	2	28
3 期（景武）	前 155～	10	9	0	2	3	1	0	0	3	2	1	0	31
4 期（武）	前 130～	13	3	3	2	4	3	2	4	5	5	2	4	50
5 期（武昭）	前 105～	14	1	1	2	4	3	1	1	3	3	1	3	37
6 期（昭宣）	前　80～	18	12	9	1	12	10	4	4	7	3	5	4	89
7 期（宣元成）	前　55～	17	11	11	1	11	11	1	3	7	0	7	2	82
8 期（成哀）	前　30～	15	8	6	0	5	5	5	7	7	1	3	2	64
9 期（哀平莽）	前　5～	24	4	1	0	1	2	0	7	8	1	2	1	51
総計		131	57	33	10	43	49	14	27	43	16	23	26	472
平均		14.6	6.3	3.7	1.1	4.8	5.4	1.6	3.0	4.8	1.8	2.6	2.9	52.4

表 11　10 年間隔

スパン 10			赦	賜爵	牛酒	酺	布帛錢食	減税繇役	逋貸勿收	循行・遣	挙・徴	徙	賑・公田仮貸	その他	総計	備考
1	高～	前 205～	9	1	0	0	0	6	0	0	0	1	1	6	24	
2	惠呂～	前 195～	4	5	0	0	0	3	0	0	1	0	0	2	15	
3	呂文～	前 185～	4	2	2	1	1	2	1	1	1	0	0	1	16	
4		前 175～	1	0	0	0	2	2	0	0	0	0	0	1	6	
5	文景～	前 165～	2	1	0	1	0	1	0	0	1	0	1	0	7	
6		前 155～	5	4	0	0	1	0	0	0	0	1	0	0	11	
7	景武～	前 145～	3	4	0	1	2	1	0	0	1	1	1	0	14	
8		前 135～	5	1	0	2	0	0	1	0	3	2	0	1	15	
9		前 125～	4	1	0	1	1	0	0	3	2	1	2	2	17	
10		前 115～	6	2	3	0	3	3	1	1	2	2	0	1	24	封泰山（前 110）
11		前 105～	8	0	0	1	1	1	0	0	0	1	0	1	13	
12	武昭～	前 95～	5	0	1	1	1	0	0	1	1	0	0	0	10	
13		前 85～	5	2	1	1	5	4	3	0	2	2	2	3	30	
14	昭宣～	前 75～	7	3	2	0	2	6	0	3	4	2	4	2	35	
15		前 65～	7	8	6	0	7	2	2	1	3	1	0	1	38	
16	宣元～	前 55～	5	5	4	1	4	6	0	2	3	0	6	0	36	
17		前 45～	7	4	5	0	5	3	1	0	2	0	1	1	29	
18	元成～	前 35～	7	4	2	0	2	2	1	2	3	0	0	1	24	
19		前 25～	8	2	2	0	1	1	3	4	3	1	2	1	28	
20	成哀～	前 15～	5	4	4	0	4	4	1	2	3	0	1	1	29	
21	哀平～	前 5～	10	3	0	0	1	2	0	3	6	1	2	0	28	
22	王莽～	6～	8	1	1	0	0	0	0	3	1	0	0	1	15	牛酒→羊酒
23	莽更始	16～	6	0	0	0	0	0	0	1	1	0	0	0	8	
総計			131	57	33	10	43	49	14	27	43	16	23	26	472	
平均			5.7	2.5	1.4	0.4	1.9	2.1	0.6	1.2	1.9	0.7	1.0	1.1	20.5	

図1　10年間隔での推移（前205年〜後24年）

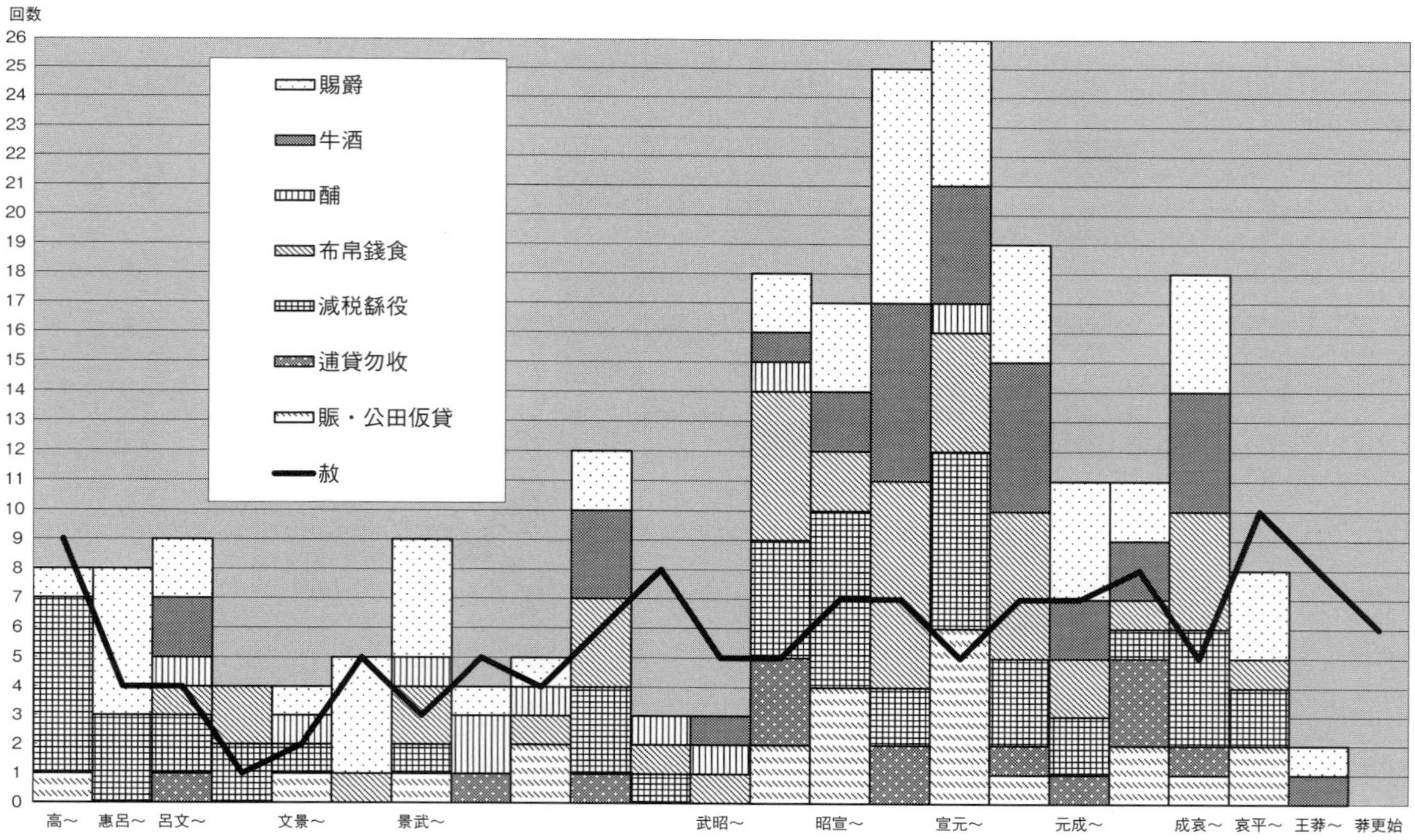

表 12　皇帝在位ごと

在位		赦	賜爵	牛酒	酺	布帛銭食	減税繇役	逋貸勿収	循行・遣	挙・徴	徙	賑・公田仮貸	その他	総計	在位年数
高帝	前 206〜	11	2	0	0	0	7	0	0	0	1	1	7	29	11
惠帝	前 195〜	1	3	0	0	0	2	0	0	1	0	0	0	7	7
高后	前 188〜	3	1	0	0	0	0	0	0	0	0	0	1	5	8
文帝	前 180〜	4	2	2	2	3	4	1	1	2	0	1	2	24	23
景帝	前 157〜	8	8	0	1	2	1	0	0	0	1	0	0	21	16
武帝	前 141〜	27	5	3	5	7	5	2	4	8	7	3	5	81	54
昭帝	前 87〜	8	2	2	1	5	5	3	1	3	2	2	4	38	13
宣帝	前 74〜	15	14	10	1	12	10	2	5	7	3	4	2	85	25
元帝	前 49〜	12	8	8	0	7	6	1	2	6	0	7	2	59	16
成帝	前 33〜	16	7	6	0	5	6	5	6	7	1	2	1	62	26
哀帝	前 7〜	5	2	1	0	1	1	0	1	3	0	1	1	16	7
平帝	1〜	7	2	0	0	1	2	0	3	4	1	2	0	22	6
王莽	8〜	14	1	1	0	0	0	0	4	2	0	0	1	23	15
総計		131	57	33	10	43	49	14	27	43	16	23	26	472	227

孺子嬰（6〜8）には該当記事なし

平均以上

平均の倍以上（総計では1.5倍以上）

表13　在位10年間における期待値（回数×10÷在位年数）

期待値10		赦	賜爵	牛酒	酺	布帛錢食	減税繇役	通貸勿收	循行・遣	挙・徴	徙	賑・公田假貸	その他	総計	在位年数
高帝	前206〜	10.00	1.82	0.00	0.00	0.00	6.36	0.00	0.00	0.00	0.91	0.91	6.36	26.36	11
惠帝	前195〜	1.43	4.29	0.00	0.00	0.00	2.86	0.00	0.00	1.43	0.00	0.00	0.00	10.00	7
高后	前188〜	3.75	1.25	0.00	0.00	0.00	0.00	0.00	0.00	0.00	0.00	0.00	1.25	6.25	8
文帝	前180〜	1.74	0.87	0.87	0.87	1.30	1.74	0.43	0.43	0.87	0.00	0.43	0.87	10.43	23
景帝	前157〜	5.00	5.00	0.00	0.63	1.25	0.63	0.00	0.00	0.00	0.63	0.00	0.00	13.13	16
武帝	前141〜	5.00	0.93	0.56	0.93	1.30	0.93	0.37	0.74	1.48	1.30	0.56	0.93	15.00	54
昭帝	前87〜	6.15	1.54	1.54	0.77	3.85	3.85	2.31	0.77	2.31	1.54	1.54	3.08	29.23	13
宣帝	前74〜	6.00	5.60	4.00	0.40	4.80	4.00	0.80	2.00	2.80	1.20	1.60	0.80	34.00	25
元帝	前49〜	7.50	5.00	5.00	0.00	4.38	3.75	0.63	1.25	3.75	0.00	4.38	1.25	36.88	16
成帝	前33〜	6.15	2.69	2.31	0.00	1.92	2.31	1.92	2.31	2.69	0.38	0.77	0.38	23.85	26
哀帝	前7〜	7.14	2.86	1.43	0.00	1.43	1.43	0.00	1.43	4.29	0.00	1.43	1.43	22.86	7
平帝	1〜	11.67	3.33	0.00	0.00	1.67	3.33	0.00	5.00	6.67	1.67	3.33	0.00	36.67	6
王莽	8〜	9.33	0.67	0.67	0.00	0.00	0.00	0.00	2.67	1.33	0.00	0.00	0.67	15.33	15
平均		6.22	2.76	1.26	0.28	1.68	2.40	0.50	1.28	2.12	0.59	1.15	1.31	21.54	17.5

結論

本書では、中国古代の皇帝制度の形成という問題について、主に地理的・空間的な支配・把握の様相と、その変遷も含めて、皇帝と社会や一般民との接点となる政策から、皇帝支配の正当性についての問題とその質的な転換を探ることを試みた。本書では、実証面における課題などをなお多く残すものの、以下の点について明らかにすることができた。

まず、第一章から第三章においては、主に地理的・空間的な側面での支配についての形成過程とその変遷の分析を行った。

第一章「皇帝権力の戸口把握―逃亡規定からみた」においては、出土資料である張家山漢簡や睡虎地秦簡などに含まれる法律文書を用いて、秦・前漢初期における国家による「亡」に対する規定の分析を行った。そして、一般民の「亡」に対する国家の対応について、それが、郡県（直轄地）内の郷里間の移動に収まる場合は比較的寛容な姿勢をとっていた点と、一方で逃亡者がいずれの郷里社会の枠内からも抜け落ち、独自の勢力を形成し、郷里社会の存続と国家の統治を脅かす存在となる懼れがある事態に対しては強硬な姿勢でもって取り締まり、また国家の支配領域を越えての、諸侯国（外国）への逃亡（人口流出）や諸侯国からの犯罪者（間諜なども含む）に対しては、厳罰に処していた点が明らかになった。ここから国家と郷里社会の関係、および国家権力の正当性について以下の如き観点が導き出される。国家の郷里間の移動への比較的寛容な姿勢は、税役徴収単位としての個別農民をなるべく多く安定して保護・把握する機能を果たし、またそのことは亡人を受け入れる郷里社会の存在を前提としていた。その国家の寛容さは、郷里社会からすれば、郷里社会の秩序を維持する機能をもつ。また国家は、群盗、あるいは諸侯国（外国）の脅威から郷里社会の秩序を庇護する存在でもある。こうした観点によれば、亡規定は、郷里社会を一方的に支配するのではなく、郷里社会からその正当性を承認された存在として国家統治が認識されていたことを示す一つの素材となるものと理解できると考えた。

第二章「前漢代における「首都圏」の形成」では、ここでも、張家山漢簡などをもちいて、前漢前半期において専制権力の領域統治の基盤となる「首都圏」の形成過程について検討した。統一秦においては、万里の長城のみが境界となり、それによって区分された秦国内の領域に対して郡県制的統治を企図したが、前漢初期においては長城以南においてもその支配の濃淡によって境域の区分がなされた。それは、首都長安を中心とする統一前の秦の領域とほぼ重なる。境界には「五關」を置いて黄金や馬匹などの貴重品の出入に厳格な規定を行って「關中」を堅持した。その關外ではあるが直轄統治の対象となる郡県地域、そして、その五關外の郡県地域をいわば緩衝地帯とし、その外側に位置する諸侯国であった。当該期の諸侯国に対しては、支配対象となる直轄地の一般民の出入（「亡」ともかかわる）について大きな注意を払い、戦国時代を想起させる規定もみえる仮想敵国としての一面もあった。

第三章「前漢代における「首都圏」の展開」では、前章で明らかになった区分について、その後の「首都圏」の変遷と直轄統治としての郡県制的支配の全国展開について考察した。前漢中期にかけては、長安の位置する京兆尹と左馮翊・右扶風（三輔。狭義・通常の意味での関中）において、陵邑への徙民による人的・経済的資源の集中や酷吏の任用などにより、三輔制の形成と堅持が行われる。そこでは、三輔と一般の郡国（諸侯国・諸侯王国においても「郡県化」が進行）との区分が重要な意味をもった。また、一方で郡国廟の設置などにより、全国的な均質化も企図された。そして、前漢後期における、皇帝を頂点とした統一国家の統治制度の確立と、全国的な均質性の確保によって、それらの政策は役割を終えることとなる。統一秦において推し進められた「天下」の「統一」政策が、前漢前半期の妥協を経て後半期においてようやく結実し、以降二千年にわたる制度的な祖形として成立することを、こうした「首都圏」の変遷からみてとった。

以上の考察により、中国の専制権力の支配空間の変遷における特質と、その変遷の時代的画期とが明らかになった。これは、前漢時代を通じての専制権力における支配構造にあらわれる変化と時期的に一致する。支配構造における変化と、皇帝権力の正当性の問題、そしてその正当性を付与する社会の変化について、第四章以降で検討した。

第四章「瑞祥からみた漢代の皇帝権力」では、漢代における皇帝権力と儒家思想の接近という潮流において、天人相関論・災異説とかかわる瑞祥を素材として検討し、瑞祥がその「出現」回数においても特筆される宣帝期に政策（賜爵や賜与・賑恤といった「贈与」）と明示的に関連してくることを指摘した。このことは、儒家思想における支配体制に寄与するための理論の整備・確立とともに、皇帝権力においても質的な転換が求められていたことに起因する。それは、皇帝個人の能力や血統といった人格的な支配基盤を超越した、より普遍化された制度としての皇帝支配の構築への志向を意味する。武帝期には依然として選択可能なものとして併存していた諸家の思想は、武帝の死後、霍光専権期を経て、宣帝期にはこのような面でも「儒家一尊」へと方向性がつけられることになる。そして、次代の元帝以降の礼制・廟制の整備や陵邑の廃止などの動向へと展開していくとの説明を試みた。

第五章「賜与・賑恤政策からみた漢代の皇帝権力」において、前章では、その契機としての瑞祥を中心として触れた一般民への賜与・賑恤政策について、その理念的な背景や、前漢を通じての変遷を追い、皇帝支配におけるその役割や前章までの議論とかかわる支配の変質の画期について検討した。増淵龍夫氏の指摘した専制権力の基盤となる山林藪沢の富の集積について、それを財源とする君主家産の具体的な使途として、賜与・賑恤による再分配（贈与）があり、それが専制権力の正当性の一因となると考えた。前漢においても、皇帝の家産（帝室財政）を財源とする、またはその解放にもとづく賜与・賑恤によって、共同体機能の維持や弱者救済が行われ、郷里社会における両極分解への防止が企図された。そして、このことにより、民からの皇帝支配の正当性が付与されていた。そして、それは前漢後半期の豪族の台頭による両極分解の深刻化と、そこで経済単位として析出せざるをえなくなった単婚小家族が、不作や災害によって再生産を果たしえない状況に陥ることが多くなるという郷里社会の変化に対応して、当該期に頻繁に行われることとなる。

また、財政的にも前漢後半には国家財政と帝室財政が一体化していくことは、皇帝の人格的（家産的）な支配から制度的な支配への変質ともかかわるものと理解した。

最後に、これら諸章において以上の如く捉えた中国の統一国家形成期における専制権力とその正当性についての試論に基づいて、そのことがもつ歴史的な意味を概観したい。

秦の天下統一と「始皇帝」の誕生は、確かにひとつの画期であったが、それは始皇帝という強力な人格に頼った支配であったということができるであろう。そのことは彼の死後に、彼が全国一律に実施した郡県制的支配が崩壊したことからも裏づけられる。すなわち秦の皇帝支配は、強大な軍事力・強制力を把握する始皇帝の存在があってはじめて実現することを意味した。もちろん始皇帝の時代にも、戦国時代に完成していた富の再分配システムが機能していて、それ故に秦の故地の住民だけでなく、統合した旧六国の一般民からの正当性も確保されていた。戦国秦において実施されていた富の再分配システムは、統合された旧六国に統一的に設置された郡を通して全国的に拡大したものとなった。ただしこの広大な領域での再分配システムの実施は、あくまで始皇帝個人の存在なくしては実現され得なかった。

秦を襲って前漢王朝を打ち立てた高祖劉邦は、皇帝の称号を復活させたが、封建制的支配の復活である郡国制を採用し、自らの根拠地として「首都圏」を堅持するという方策をとらざるを得なかった。すなわち、秦代に存在していた全国的な再分配システムを劉邦は維持できなかった。そのため、確実に支配が及ぶ、それはすなわちその支配の正当性を確保できる皇帝権力の根拠地としての「首都圏」を設置した。この「首都圏」自体は、統一秦の時代にもあった。それは戦国秦の領域であり、「内史」とよばれたものである。しかし統一秦の成立は、「内史」を存続させつつも、全国的に展開された郡へと相対的にその根拠地としての役割を減少させていた。しかし前漢初期では關中を「首都圏」に設定して、そこを根拠地とせざるを得なかった。それなしに皇帝は皇帝として存立し得ない状況にあった。そのことは、当該期における皇帝による一元的支配体制の未成熟を示すとともに、いまだ地域的な差異を強く残していた社会と、そこに居住する一般民からの正当性を、一朝一夕に、かつ全国的な規模において獲得できる段階ではなかったことを意味する。「首都圏」の設置、その周縁への郡県の設置、その外縁への「五關」の設置による交通制限の厳格化、さらに「五關」の外縁への郡県の設置といった、「首都圏」に対する二重・三重の防衛ラインを引いて、さらにその外縁に諸侯国を配置するといった体制は、まさにこの時代の皇帝支配のあり様を示している（第二章末の地図「二年律令にみえる『五關』と万里の長城」参照）。皇帝が死守しなければならない富の再分配システムは、前漢初期の段階では「首都圏」の地を中心とするものでしかなかった。本書の第一章や第二章で分析した状況がそのことを示している。

しかしその後、皇帝による支配がまがりなりにも継続することができ、また諸侯国地域への郡県の設置という新たな動きのなかで、皇帝自身が直接統治する地域が拡大した。その結果、支配基盤であった「首都圏」は、その役割を徐々に縮小させ、前漢後半期に至って全国が一円的な郡県制のもとに位置づけられることで、ついに「首都圏」は、一般の郡県との差異を解消されていくことになる。この制度的な完成は武帝期であった。しかしこの時期の完成も、その契機自体は武帝の父、景帝の時代にあったとはいえ、武帝という強力な存在があってはじめて実現したものと評価することができる。しかし五十年余という長期にわたって在位した武帝の死後、武帝という人格の欠落という事態が生じても、結果的にはこのシステムが継続されることになる。その存続の保障は何によって担保されたのか。本書では、それこそが制度化による保障であったと考えたい。それは歴代中国王朝における皇帝支配の正当性への根拠となるに至った富の再分配システムに関する質的変化を意味した。皇帝個人の人格に頼ったシステムの維持から、皇帝個人の人格という属性から遊離した制度への変化であった（もちろんこの制度化された富の再分配システムも、皇帝の存在を前提にしてはいる）。第三章でみた三輔の陵邑への徙民の廃止や、郡国廟の廃止は、武帝以前（始皇帝時代も同様）においてそうであったような皇帝個人の人格から離れて、新たな富の再分配システム制度的な先駆となった象徴的な政策であった。

皇帝支配の正当性における質的変化の時期に関しては、正当性を付与する民の、あるいは郷里社会の側の変化も想定される。第一章でみたように、前漢初期の段階においては、郷里社会には伝統的な秩序を維持する機能が残存していた。その点についての検討は他日を期さなければならないが、第五章でみたように、皇帝による賜与と賑恤という、いわば垂直的贈与による富の再分配が、武帝の死後に多くみられるようになるという現象は、前漢後半期における郷里社会がもっていた秩序維持機能の変質もその原因となっていたものと推測している。富の再分配を受ける側、すなわち郷里社会に居住する農民の存在形態における変質は、皇帝位の制度的な確立の時期と同調をみせた。人格的な支配からの脱却は、第四章でみたように、儒家思想によって理論化・普遍化されることになった。これら諸現象は、前漢後半期に至って確立され、その後の歴代王朝において維持される制度としての皇帝の出現となる。

以上、本稿で行った考察は、緒論にて掲げた「戦後歴史学」において国家を問題とした諸研究に列するものと考えている。そのなかで、皇帝が制度として確立される時期に関する問題（武帝の死後の前漢後半期）を提起した点、その変化を皇帝支配の領域の変化として位置づけたこと（「首都圏」の成立から一円的郡県制への組み込みへ）、さらに中国における皇帝支配の正当化の根拠となるものが富の再分配であり、その富の再分配が皇帝個人の人格に依存した段階から、その人格から脱却して制度としてシステム化した点への変化を明らかにできたと考えている。

ただ、ここで示した観点についても残された課題は多い。今後は、この観点に関連する諸問題を様々な視角から追究するとともに、国家と社会、さらに社会内部の構造の解明について研究を継続させたい。

あとがき

本書は、二〇一四年度に専修大学大学院に提出し、学位を授与された博士論文をまとめたものである。出版にあたり、誤記や文意の通りづらい箇所を改めたが、論旨に変更はない。また一書としての統一をはかるために表記や書体を改めたが、元の論文としての体裁を残した部分もある。あらためて、タイトル『秦漢時代における皇帝と社会』と内容をみると羊頭狗肉の感は拭えず、不備・不足ばかり目につくが、卒業論文から関心をもってきた中国古代の皇帝と社会のありかた、その両者のかかわりについての素描として、現時点での認識を示した。史料の誤読はもとより、先行研究についても理解の至らない点があることをおそれる。今後とも新史料の発見・公開と関連研究の進展を注視しながら、素描の再検討と充足を続けていきたいと考えている。

本書のもととなった既発表論文との関係は以下の通り。

緒論
　新稿

第一章　皇帝権力の戸口把握―逃亡規定からみた
　「秦・前漢初期における国家と亡人」（東洋文庫中国古代地域史研究 編『張家山漢簡『二年律令』の研究』東洋文庫、二〇一四年三月）

第二章　前漢代における「首都圏」の形成

第三章　前漢代における「首都圏」の展開
　ともに「前漢代における「首都圏」と皇帝制度の変遷」（『専修史学』四九号、二〇一〇年一一月）

第四章　瑞祥からみた漢代の皇帝権力
　二〇〇一年度提出卒業論文、のち大幅に改稿して「瑞祥からみた漢代の皇帝権力と儒家思想」（『専修史学』五七号、二〇一四年一一月）

第五章　賜与・賑恤政策からみた漢代の皇帝権力
　二〇〇五年度提出修士論文、のち大幅に改稿して「前漢後半期における皇帝制度と社会構造の変質」（『専修史学』四二号、二〇〇七年三月）

結論
　新稿

本書の出版にいたるまでにお世話になったさまざまな方々に感謝を申し述べたい。

学部から一貫してご指導をいだだき、本書の出版についても後押しいただいた飯尾秀幸先生には、怠惰なうえに、動き出しも飲み込みも悪い弟子に対して、常に温かく的確な助言をいただいている。学部のゼミ（とその前年の「文献史料講読」）の選択の際に、厳然として存在し続けた（ようにみえる）中国の歴代王朝に対して、緒論で述べたような関心は漠然とあったものの、『鹽鐵論』の講読や卒業論文の指導を受けるなかで、国家とは？　史料から社会の実態をいかに探るか？　歴史叙述とは？　といった、それまでの「歴史の勉強」では思い至らなかったさまざまな問いに導いていただいた。また、修士課程への進学と張家山漢簡『二年律令』公刊の時期が重なったことはまさに僥倖であった。大学院在籍中、先生とともに講読と訳注作成に没頭できたことは、私の研究の基盤であり、大きな財産となっている。この財産を本書所載の拙稿において十全に活かしきれていない点は忸怩たるものはあるが、今後、形にしていくことで少しでも学恩に報いることができればと考えている。

荒木敏夫先生と小嶋茂稔先生には博士論文の副査を務めていただいた。論理の構築やそれ以前の問題で分かりづらい文章の意を汲んでいただき、多くの貴重なご意見をいただいた。荒木先生には、修士課程の際に大学院ゼミにも参加させていただいた。日本古代史の研究状況はもちろんのこと、『日本書紀』の講読において、すでに読みつくされた史料からいかに問題を探っていくかという点も学ばせていただいた。小嶋先生には、後述の東洋文庫の講読会や、歴史学研究会アジア前近代史部会の運営などでもご高配いただいている。

財団法人東洋文庫の前近代中国研究班（古代地域史研究）における張家山漢簡『二年律令』の講読会でも多くの方々から示唆・刺激を受けた。特に太田幸男先生、池田雄一先生、藤田忠先生には、私の思いつきの域を出ないような意見に対しても、広い視野から丁寧に見解を示していただき、研究姿勢の面からも多くのことを学ばせていただいている。

歴史学研究会アジア前近代史部会においても、大きな影響と刺激を受けている。太田先生による豊島静英先生の『中国における国家の起源』の書評会が、私にとって最初の例会参加であったように思う。論文における認識しかなかった評者と著者が、率直に意見をぶつけ合うのを聞きながら「とんでもないところに来てしまった」と思ったことがいまだに印象に残っている。また部会運営や大会報告者の擁立、日本古代史部会とのかかわりにおいても、多様な問題関心や研究視角に触れることで多くのことを学んだ。さらに、歴研本体の委員会での経験も大きな刺激を受けた。対象となる時代も地域も異なる研究者たちが一同に会する中で、研究において重視すべき点や、いま、歴史学の研究者が、あるいは歴史学という学問が何をすべきかという点において、認識が重なる部分が多いことに力づけられた。在任中に博士論文の提出がなったのも、このことと無縁ではない。委員会での議論とともに、終了後の「上海美食（酔仙酒店）」での議論も実りあるものだった。また、東洋文庫の講読会などでもお世話になりっぱなしであり、部会の運営委員長もお願いしてしまっている山元貴尚氏と、本体委員の後任を受けていただいた椎名一雄氏にも感謝を申しあげたい。

専修大学歴史学会の先生方や院生の皆さまにも、大会や委員会において、あるいは生田校舎九号館の五階などで、在籍中はもとより学籍がなくなってからも、多くのご助力をいただいた。まことに充実した研究環境であったと思う。青木美智男先生には、ご退職後もさまざまなご配慮をいただいた。お会いするたび、端的で率直な言葉で文字通り叱咤激励され、状況に甘えていたり下を向きがちであった精神を鼓舞していただいた。本書をお渡しすることも、神保町の蕎麦屋でお酒をご一緒することも、もうかなわないことが残念でならない。

文部科学省オープン・リサーチ・センター整備事業『古代東アジア世界史と留学生』においては、専修大学社会知性開発研究センター／東アジア世界史研究センターのリサーチ・アシスタントとしてかかわらせていただいた。センター代表の荒木先生や、飯尾先生、土生田純之先生、矢野建一先生の主導のもと、三年間の任期で多くの貴重な経験と知見を得る事ができた。同僚として机を並べ、お世話になった小笠原強氏・窪田藍氏・伊集院葉子氏の後に続いて博士論文を提出でき、本書として形にすることができてうれしく思う。

専修大学飯尾ゼミの学部・大学院でかかわった多くの先輩・同級生・後輩にも感謝申しあげたい。先輩からの助言はもとより、同級生や後輩とのやりとりの中で多くの示唆を得ることができた。なかでも、私が学部でゼミに参加して以来、修士課程、博士課程、歴研部会運営委員や本体委員として常に先を歩かれていた膳智之氏には、その折々で懇切丁寧な助言をいただいた。また、ゼミの支柱として、至らない先輩である私の分のまで負担をかけ続けてきてしまっている、博士課程の多田麻希子氏には本書の史料校正においても多大なご助力をいただいた。

また、本書の出版が成ったのは、著者の作業の遅滞に由来するスケジュールの切迫のなか、専修大学出版局の相川美紀氏をはじめとしてご尽力をいただいた皆さまのおかげである。厚く御礼を申し上げる。

最後に、私事ではあるが、いまだにふらふらと不安定な生き方をしている私を許容し、帰省のたびに温かく迎えてくれる母と姉に感謝する。

福島大我

二〇一六年二月

※本書は二〇一五年度専修大学課程博士論文刊行助成制度の助成によるものである。

参考文献一覧（五十音順）

※著者ごとに、著書をさきに挙げ、論考は可能な限り初出も示した。
邦文の論題は当用漢字とした。

阿部　幸信「漢初「郡国制」再考」（『日本秦漢史学会会報』九、二〇〇八）

飯尾　秀幸『中国史のなかの家族』（山川出版社、二〇〇八）

「中国古代における国家と共同体」（『歴史学研究』五四七、一九八五）

「張家山漢簡〈奏讞書〉をめぐって」（『専修人文論集』五六、一九九五）

「中国古代における個と共同性の展開」（『歴史学研究』七二九、一九九九）

飯島　和俊「秦漢交替期の亡人の発生とその追捕」（中央大学東洋史学研究室編『アジア史における制度と社会』刀水書房、一九九六）

「市に集まる人々」（中央大学人文科学研究所編『アジア史における法と国家』中央大学出版部、二〇〇〇）

池田　雄一『中国古代の聚落と地方行政』（汲古書院、二〇〇二）

「中国古代の「社制」についての一考察」（『三上次男博士頌寿記念 東洋史・考古学論集』朋友書店一九七九初出。『中国古代の聚落と地方行政』所収）

「中国古代の律令と習俗」（『東方学』一二一、二〇一一）

池田雄一編『奏讞書―中国古代の裁判記録』（刀水書房、二〇〇二）

出石　誠彦『支那神話伝説の研究』（中央公論社、一九四三。『増補改定版』中央公論社、一九七三）

「漢代の祥瑞思想に関する一二の考察」（『東洋思想研究』二、一九三八初出。『支那神話伝説の研究』所収）

板野　長八『中国古代における人間観の展開』（岩波書店、一九七二）

『儒教成立史の研究』（岩波書店、一九九九）

「前漢末における宗廟・郊祀の改革運動」（『中国古代における人間観の展開』所収）

「儒教の成立」（『岩波講座世界歴史（旧版）四 古代四』岩波書店、一九七〇初出。『儒教成立史の研究』所収）

「班固の漢王朝神話」（『歴史学研究』四七九、一九八〇初出。『儒教成立史の研究』所収）

稲葉　一郎「漢代の家族形態と経済変動」（『東洋史研究』四三‐一、一九八四）

「『漢書』の成立」（『東洋史研究』四八‐三、一九八九）

今村城太郎「漢代の循吏」（『東方学』三〇、一九六五）

上野有美子「前漢の文帝の政治における一考察」（『史窓』五八、二〇〇一）

薄井　俊二「漢の文帝について―皇帝としての権威確立問題、及び対匈奴問題をめぐって」（『埼玉大学紀要　教育学部（人文・社会科学）』四四‐一、一九九五）

宇都宮清吉『漢代社会経済史研究』（弘文堂、一九五五。『補訂版』弘文堂、一九六七）

「西漢の首都長安について」（『東洋史研究』一一‐四、一九五二初出。「西漢の首都長安」として『漢代社会経済史研究』所収）

王　子今「秦漢区域地理学的〝大關中〟概念」（中国秦漢史研究会『秦漢史論叢　第九輯』三秦出版社、二〇〇四）

大櫛　敦弘「漢代三輔制度の形成」（池田温編『中国礼法と日本律令制』一九九二）

「前漢「畿輔」制度の展開」（牧野修二ほか『出土文物による中国古代社会の地域的研究（平成二・三年度科学研究費補助金一般研究（B）研究成果報告書）』一九九二）

「秦代国家の統一支配」（間瀬収芳ほか『『史記』『漢書』の再検討と古代社会の地域的研究（平成五年度科学研究費補助金一般研究（B）研究成果報告書）』一九九四）

「統一前夜―戦国後期の「国際」秩序」（『名古屋大学東洋史研究報告』一九、一九九五）

「関中・三輔・関西―関所と秦漢統一国家」（『海南史学』三五、一九九七）

「秦および漢初の統一国家体制に関する一考察」（東方学会編『東方学会創立五十周年記念　東方学論集』東方学会、一九九七）

「秦邦―雲夢睡虎地秦簡より見た統一前夜」（松丸道雄編『論集　中国古代の文字と文化』汲古書院、一九九九）

「中国「畿内制度」の形成に関する一考察」（西嶋定生博士追悼論文集編集委員会編『西嶋定生博士追悼論文集　東アジア史の展開と日本』山川出版社、二〇〇〇）

「三川郡のまもり―「秦代国家の統一支配」補論」（『人文科学研究』一五、二〇〇九）

太田　幸男『中国古代史と歴史認識』（名著刊行会、二〇〇六）

『中国古代国家形成史論』（汲古書院、二〇〇七）

「商鞅変法の再検討」（『歴史学研究　別冊特集―歴史における民族の形成（一九七五年度歴史学研究会大会報告）』

青木書店、一九七五初出。「商鞅変法論」として『中国古代国家形成史論』所収)
岡田　功「出土法律文書にみえる「盗」について」(『日本秦漢史学会会報』二〇〇四初出。『中国古代史と歴史認識』所収)
岡村　秀典「前漢関中帝陵徙民再考―皇帝権力の一側面」(『駿台史学』四四、一九七八)
尾形　勇『中国古代王権と祭祀』(学生社、二〇〇五)
「中国古代王権と祭祀」(『考古学研究』四六-二、一九九九初出。『中国古代王権と祭祀』所収)
小倉　芳彦『中国古代の「家」と国家』(岩波書店、一九七九)
『中国古代政治思想研究』(青木書店、一九七〇)
「左伝における覇と徳―「徳」概念の形成と展開」(中国古代史研究会編『中国古代史研究』吉川弘文館、一九六〇初出。『中国古代政治思想研究』所収)
影山　剛「前漢の酷吏をめぐる二・三の問題」(『福井大学学芸学部紀要　第三部　社会科学』六、一九五七)
影山　輝國「漢代における災異と政治―宰相の災異責任を中心に」(『史学雑誌』九〇-八、一九八一)
加藤　繁『支那経済史考証　上』(東洋文庫、一九五二)
「漢代に於ける国家財政と帝室財政との区別並に帝室財政一班」(『東洋学報』八-二～九-二、一九一八～一九一九初出。『支那経済史考証　上』所収)
金子　修一『古代中国と皇帝祭祀』(汲古書院、二〇〇一)
『中国古代皇帝祭祀の研究』(岩波書店、二〇〇六)
「中国―郊祀と宗廟と明堂及び封禅」(『東アジア世界における日本古代史講座　九　東アジアの儀礼と国家』学生社、一九八二初出。「漢代の郊祀と宗廟と明堂及び封禅」として『古代中国と皇帝祭祀』所収)
「漢代における郊祀・宗廟制度の形成とその運用」(『中国古代皇帝祭祀の研究』所収)
鎌田　重雄『漢代史研究』(川田書房、一九四九)
『秦漢政治制度の研究』(日本学術振興会、一九六二)
「漢代の三輔について」(『漢代史研究』、『秦漢政治制度の研究』所収)
「漢代の循吏と酷吏」(『史学雑誌』五九-四、一九五〇初出。『秦漢政治制度の研究』所収)
「漢代の帝陵」(『秦漢政治制度の研究』所収)
紙屋　正和『漢時代における郡県制の展開』(朋友書店、二〇〇九)
「前漢諸侯王国の財政と武帝の財政増収策」(『福岡大学研究所報』三七、一九七八)

「武帝の財政増収政策と郡・国・県」（『東洋史研究』四八-二、一九八九初出。「武帝の財政増収政策と郡・国、県・道」として『漢時代における郡県制の展開』所収）
木村　正雄『中国古代帝国の形成—特にその成立の基礎条件』（不昧堂書店、一九六五。『新訂版』比較文化研究所、二〇〇三）
河地　重造「王莽政権の出現」（『岩波講座世界歴史（旧版）四　古代四』、岩波書店、一九七〇所収）
「前漢時代における関中の経営」（『史潮』九-四（通号三〇）、一九三九）
京都大学人文科学研究所「三国時代出土文字資料の研究」班「江陵張家山漢墓出土『二年律令』譯注稿　その（一）～その（三）」（『東方学報』京都七六～七八、二〇〇四～二〇〇六、のち冨谷至編『江陵張家山二四七號墓出土漢律令の研究　訳注篇』朋友書店、二〇〇六）
楠山　修作『中国史論集』朋友書店、二〇〇一
「女子百戸牛酒について」（『東洋文化学科年報（追手門学院大・文）』一二、一九九七）『中国史論集』所収
「秦漢爵制に関する一考察」（『アジア文化学科年報』二（通号一四）、一九九九）『中国史論集』所収
工藤　元男『睡虎地秦簡よりみた秦代の国家と社会』（創文社、一九九八）
「秦の内史—主として睡虎地秦墓竹簡による」（『史学雑誌』九〇-三、一九八一初出。「内史の再編と内史・治粟内史の成立」として『睡虎地秦簡よりみた秦代の国家と社会』所収）
久保田宏次「中国古代国家の変質と社会権力」（『歴史学研究』六六四、一九九四）
クラストル，ピエール（渡辺公三訳）『国家に抗する社会』（水声社、一九八九。原著一九七四）
五井　直弘『漢代の豪族社会と国家』（名著刊行会、二〇〇一）
『中国古代の城郭都市と地域支配』（名著刊行会、二〇〇二）
「漢代の公田における假作について」（『歴史学研究』二二〇、一九五八初出。『漢代の豪族社会と国家』所収）
「中国古代史と共同体—谷川道雄氏の所論をめぐって」（『歴史評論』二五五、一九七一初出。『中国古代の城郭都市と地域支配』所収）
小嶋　茂稔『漢代国家統治の構造と展開—後漢国家論研究序説』（汲古書院、二〇〇九）
「前漢における郡の変容と刺史の行政官化についての覚書」（『山形大学歴史・地理・人類学論集』五、二〇〇四初出。『漢代国家統治の構造と展開』所収）
崔　在容「西漢三輔의成立과그機能」（『慶北史学』八、一九八五）

斎藤　実郎「前漢の酷吏」（『史叢』一四、一九七〇）
佐竹　昭『古代王権と恩赦』（雄山閣出版、一九九八）
佐藤　達郎「前漢の文帝―その虚像と実像」（『古代文化』五二-八、二〇〇〇）
重近　啓樹『秦漢税役体系の研究』（汲古書院、一九九九）
「前漢の国家と地方政治―宣帝期を中心として」（『駿台史学』四四、一九七八）
「漢代の復除について」（『東方学』七三、一九八七初出。「漢代の復除」として『秦漢税役体系の研究』所収）
「秦の内史をめぐる諸問題」（堀敏一先生古稀記念集編集委員会編『堀敏一先生古稀記念 中国古代の国家と民衆』汲古書院、一九九五初出。『秦漢税役体系の研究』所収）
白川　静『字通』（平凡社、一九九六）
杉村　伸二「二年律令より見た漢初の漢朝と諸侯王国」（冨谷至編『江陵張家山二四七號墓出土漢律令の研究 論考篇』朋友書店、二〇〇六）
「漢初の郡国廟と入朝制度について」（『九州大学東洋史論集』三七、二〇〇九）
専修大学『二年律令』研究会「張家山漢簡『二年律令』訳注（一）～（一四）」（『専修史学』三五～四八、二〇〇三～二〇一〇）
臧　知非「張家山漢簡所見漢初中央與諸侯王國關係論略」（『陝西歴史博物館館刊』一〇、二〇〇三）
曽我部静雄『律令を中心とした日中関係史の研究』（吉川弘文館、一九六八）
「日中の畿内制度」（『史林』四七-三、一九六四初出。『律令を中心とした日中関係史の研究』所収）
鷹取　祐司「漢代三老の変化と教化」（『東洋史研究』五三-二、一九九四）
高村　武幸「日本における近十年の秦漢国制史研究の動向」（『中国史学』一八、二〇〇八）
多田　狷介『漢魏晋史の研究』（汲古書院、一九九九）
「中国古代史研究覚書」（『史艸』一二、一九七一初出。『漢魏晋史の研究』所収）
「魏晋政権と山川の祭祀」（『日本女子大学文学部紀要』二二、一九七二初出。『漢魏晋史の研究』所収）
「前漢武帝代の酷吏張湯について」（『東洋史研究』三六-二、一九七七初出。『漢魏晋史の研究』所収）
谷川　道雄『中国中世社会と共同体』（国書刊行会、一九七六）
張　功『秦漢逃亡犯罪研究』（湖北人民出版社、二〇〇六）
陳　蘇鎮「漢初王国制度考述」（『中国史研究』二〇〇四年第三期）

陳　力「先秦秦漢時期咸陽原における地域社会の空間像―地図資料と衛星写真による統計と分析」（井上徹編『中国都市研究の資料と方法』大阪市立大学大学院文学研究科都市文化研究センター、二〇〇五）
「漢の長安城周辺の集落」（『阪南論集 人文・自然科学編』三八-一、二〇〇二）
津田左右吉『儒教の研究 二』（岩波書店、一九五一）
「郊祀、封禅及び郡国廟」（『儒教の研究 二』所収。のち『津田左右吉全集 一七』岩波書店、一九六五所収）
鶴間和幸『秦帝国の形成と地域』（汲古書院、二〇一三）
「漢代における関東・江淮豪族と関中徙民」（中島敏先生古稀記念事業会記念論集編集委員会編『中島敏先生古稀記念論集 上』汲古書院、一九八〇）
「漢代皇帝陵・陵邑・成国渠調査記（一）皇帝陵の位置の比定と形式分類」（『茨城大学教養部紀要』九、一九八七）
「漢代皇帝陵・陵邑・成国渠調査記―陵墓・陵邑空間と灌漑区の関係」（『古代文化』四一-三、一九八九）
「秦始皇帝陵建設の時代―戦国・統一・対外戦争・内乱」（一九九五初出、『秦帝国の形成と地域』所収）
戸川芳郎『古代中国の思想』（岩波書店、二〇一四（一九八五初出））
冨田健之「前漢武帝期以降における政治構造の一考察―いわゆる内朝の理解をめぐって」（『九州大学東洋史論集』九、一九八一）
「内朝と外朝―漢朝政治構造の基礎的考察」（『新潟大学教育学部紀要（人文・社会科学編）』二七-二、一九八六）
「漢代における司隷校尉」（『史淵』一二一、一九八四）
豊島静英『中国における国家の起源―国家発生史上のアジアの道』（汲古書院、一九九九）
「中国古代における『アジア的生産様式』」（『歴史評論』二六六、一九七二）
「漢代の皇帝崇拝について」『歴史学研究』五九九、一九八九）
中谷由一「漢宣帝の祥瑞における政治学」（『人間文化学研究集録』一一、二〇〇一）
長山恵一「ヴェーバーの支配の正当性論の再考（一）諸家の議論の整理を通して」（『現代福祉研究』一四、二〇一四）
西川靖二「漢初における黄老思想の一側面」（『東方学』六二、一九八一）
西川利文「漢代における郡県の構造について―尹湾漢墓簡牘を手がかりとして」（『文学部論集（仏教大学）』八一、一九九七）
西嶋定生『中国古代帝国の形成と構造』（東京大学出版会、一九六一）

『秦漢帝国（中国の歴史 二）』（講談社、一九七四。のち『文庫版』講談社、一九九七。のち『西嶋定生東アジア史論集 二』所収）
『中国古代国家と東アジア世界』（東京大学出版会、一九八三）
『西嶋定生東アジア史論集 一 中国古代帝国の秩序構造と農業』（岩波書店、二〇〇二）
『西嶋定生東アジア史論集 二 秦漢帝国の時代』（岩波書店、二〇〇二）
「古代国家の権力構造」（『国家権力の諸段階（一九五〇年度歴史学研究会大会報告）』岩波書店、一九五〇初出。『中国古代国家と東アジア世界』所収）
「秦漢帝国の出現―中国古代帝国形成史論序説」（『世界の歴史 三』筑摩書房、一九六〇初出。『西嶋定生東アジア史論集 一』所収）
「武帝の死―塩鉄論の政治史的背景」（『古代史講座 一一 古代における政治と民衆』学生社、一九六五初出。『中国古代国家と東アジア世界』所収）
「皇帝支配の成立」（『岩波講座世界歴史（旧版）四 古代四』岩波書店、一九七〇初出。『中国古代国家と東アジア世界』、『西嶋定生東アジア史論集 二』所収

西村 元佑 『中国経済史研究―均田制度篇』（同朋社、一九六八）
「漢代の勧農政策―財政機構の改革に関連して」（『史林』四二―三、一九五九初出。『中国経済史研究』所収）

花房 卓爾 「亡命の形態―春秋時代の情況」（『広島大学文学部紀要』六〇、二〇〇〇）

濱口 重國 『唐王朝の賤人制度』（東洋史研究会、一九六六）
「中国史上の古代社会問題に関する覚書」（『山梨大学学芸部研究報告』四、一九五三初出。『唐王朝の賤人制度』所収）

東 晋次 「中国古代の任侠について」（『ふびと』五一、一九九九）
「漢代任侠論ノート（一）～（三）」（『三重大学教育学部研究紀要、人文・社会科学』五一～五三、二〇〇〇～二〇〇二）
「漢代爵制論をめぐる諸問題」（『日本秦漢史学会会報』四、二〇〇三）

日原 利国 『漢代思想の研究』（研文出版、一九八六）

平中 苓次 『中国古代の田制と税法―秦漢経済史研究』（東洋史研究会、一九六七）
「漢代の田租と災害による其の減免」（『立命館文学』一七二、一七八、一八四、一九一、一九五〇～一九六一初

出。『中国古代の田制と税法』所収）
「漢代の公田の「假」—塩鉄論 園池篇の記載について」（和田博士古稀記念東洋史論叢編纂委員会編『和田博士古稀記念東洋史論叢』一九六一初出。『中国古代の田制と税法』所収）
「秦漢時代の財政構造」（『古代史講座 五 古代国家の構造 下』学生社、一九六二初出。『中国古代の田制と税法』所収）

福井 重雅『漢代官吏登用制度の研究』（創文社、一九八八）
『漢代儒教の史的研究—儒教の官学化をめぐる定説の再検討』（汲古書院、二〇〇五）
「儒教成立史上の二三の問題—五経博士の設置と董仲舒の事跡に関する疑義」（『史学雑誌』七六-一、一九六七初出。『漢代儒教の史的研究』所収）
「読『塩鉄論』芻議」（『早稲田大学大学院文学研究科紀要 第四分冊』四二、一九九六）
「読『塩鉄論』芻議—続」（『早稲田大学大学院文学研究科紀要 第四分冊』四三、一九九七）
「塩鉄論議後史—儒教国教化への一段階」（『早稲田大学大学院文学研究科紀要 第四分冊』四五、一九九九）
「班固と董仲舒—儒教の国教化という虚構譚の成立」（『中国』一六、二〇〇一初出。『漢代儒教の史的研究』所収）

福島 大我「前漢後半期における皇帝制度と社会構造の変質」（『専修史学』四二、二〇〇七）
「前漢代における『首都圏』と皇帝制度の変遷」（『専修史学』四九、二〇一〇）

藤川 正数『漢代における礼学の研究』（風間書房、一九六八。『増訂版』風間書房、一九八五）
「陵墓制について」（『漢代における礼学の研究』所収）

藤田 高夫「前漢後半期の外戚と官僚機構」（『東洋史研究』四八-四、一九九〇）
「漢代の軍功と爵制」（『東洋史研究』五三-二、一九九四）

藤田 勝久『中国古代国家と郡県社会』（汲古書院、二〇〇五）
「秦漢帝国の成立と秦・楚の社会—張家山漢簡と『史記』研究」（『愛媛大学法文学部論集 人文学科編』一五、二〇〇三初出。「秦漢帝国の成立と秦・楚の社会—包山楚簡と張家山漢簡から」として『中国古代国家と郡県社会』所収）
「張家山漢簡「秩律」と漢王朝の領域」（『愛媛大学法文学部論集 人文学科編』二八、二〇一〇）

保科 季子「前漢後半期における儒家礼制の受容—漢的伝統との対立と皇帝観の変貌」（歴史と方法編集委員会編『歴史と方法 三 方法としての丸山眞男』青木書店、一九九八）

堀　敏一「亡命小考」冨谷至編『江陵張家山二四七號墓出土漢律令の研究　論考篇』（朋友書店、二〇〇六）
「図讖・太学・経典―漢代「儒教国教化」論争に対する新たな視座」（『中国史学』一六、二〇〇六）
「近年の漢代「儒教の国教化」論争について」（『歴史評論』六九九、二〇〇八）
『中国古代の身分制―良と賤』（汲古書院、一九八七）
『律令制と東アジア世界―私の中国史学　二』（汲古書院、一九九四）
「中国の律令制と農民支配」（『歴史学研究　別冊特集―世界史認識における民族と国家（一九七八年度歴史学研究会大会報告）』一九七八初出。『律令制と東アジア世界』所収）
「漢代の七科讁とその起源」（『駿台史学』五七、一九八二初出。「漢代の七科讁身分とその起源―商人身分その他」として『中国古代の身分制』所収）
増淵　龍夫『中国古代の社会と国家―秦漢帝国成立過程の社会史的研究』（弘文堂、一九六〇、『新版』岩波書店、一九九六）
「先秦時代の山林藪沢と秦の公田」（中国古代史研究会編『中国古代の社会と文化―その地域別研究』東京大学出版会、一九五七初出。『中国古代の社会と国家』所収）
松崎つね子「漢代土地政策における貧・流民対策としての公田仮作経営」（『中国古代史研究　四』雄山閣出版、一九七六）
松島　隆裕「前漢後期における祥瑞の一考察―『漢書』宣帝紀を中心に」（『倫理思想研究』二、一九七七）
マリノフスキー，ブロニスワフ（泉靖一編訳）『西太平洋の遠洋航海者』（『世界の名著　五九　マリノフスキー／レヴィ＝ストロース』中央公論社、一九六七所収。原著一九二二）
水林　彪「支配のLegitimität概念再考」（『思想』九九五―三、二〇〇七）
水間　大輔『秦漢刑法研究』（知泉書館、二〇〇七）
「秦律・漢律における事後共犯の處罰」（武漢大学簡帛研究中心編『簡帛　第一輯』上海古籍出版社、二〇〇六初出。『秦漢刑法研究』所収）
宮宅　潔『中国古代刑制史の研究』（京都大学学術出版会、二〇一一）
「「二年律令」研究の射程―新出法制史料と前漢文帝期研究の現状」（『史林』八九―一、二〇〇六初出。『中国古代刑制史の研究』所収）
「秦漢時代の恩赦と労役刑―特に「復作」をめぐって」（『東方学報』八五、二〇一〇初出。『中国古代刑制史の研究』所収）
村松　弘一「中国古代関中平原の都市と環境―咸陽から長安へ」（『史潮』四六、一九九九）

村元　健一「前漢皇帝陵の再検討—陵邑陪葬の変遷を中心に」（『古代文化』五九-二、二〇〇七）
目黒　杏子「前漢武帝の封禅」（『東洋史研究』六九-四、二〇一一）
モース，マルセル（森山工訳）『贈与論 他二篇（岩波文庫）』（岩波書店、二〇一四。原著一九二五）
籾山　明「爵制論の再検討」（『新しい歴史学のために』一七八、一九八五）
森谷　一樹「「二年律令」にみえる内史について」（冨谷至編『江陵張家山二四七號墓出土漢律令の研究 論考篇』朋友書店、二〇〇六）
守屋美都雄『中国古代の家族と国家』（東洋史研究会、一九六八）
「前漢の郡国廟に就いて」（『地理歴史研究』一五-四、一九三八）
「社の研究」（『史学雑誌』五九-七、一九五〇初出。『中国古代の家族と国家』所収）
柳父　圀近『政治と宗教—ウェーバー研究者の視座から』（創文社、二〇一〇）
「ウェーバーにおける Legitimität 概念」（『法学』六九-一、二〇〇六初出。「マックス・ウェーバーにおける Legitimitätsglaube の意味—支配の「正統性」と「正当性」」として『政治と宗教』所収）
役重　文範「漢代瑞祥考」（『立命館東洋史学』三一、二〇〇八）
安居　香山「祥瑞思想の展開と宋書符瑞志」（『大正大学大学院研究論集』九、一九八五）
山田　勝芳『秦漢財政収入の研究』（汲古書院、一九九三）
「漢代の公田—経営形態を中心として」（『集刊東洋学』二五、一九七一）
「漢代財政制度変革の経済的要因について」（『集刊東洋学』三一、一九七四）
「武帝代の祭祀と財政—封禅書と平準書」（『東北大学教養学部紀要』三七、一九八二）
「秦漢時代の復除　一—秦の復」（『東北大学教養部紀要』五二、一九八九）
「秦漢時代の復除　二—漢代の復除とその対象」『東北大学教養部紀要』五四、一九九〇）
「秦漢代の公田収入」（『秦漢財政収入の研究』所収）
「秦漢代の復除」（『秦漢財政収入の研究』所収）
山田　智「漢代専制的皇帝権の形成過程」（『歴史学研究』七九四、二〇〇四）
楊寛（西嶋定生監訳）『中国皇帝陵の起源と変遷』（学生社、一九八一）
好並　隆司『秦漢帝国史研究』（未来社、一九七八）
『前漢政治史研究』（研文出版、二〇〇四）

「西漢皇帝支配の性格と変遷―帝陵・列侯・家産をつうじてみたる」(『歴史学研究』二八四、一九六四初出。『秦漢帝国史研究』所収)
「漢代皇帝支配秩序の形成―帝陵への徙遷と豪族」(『東洋史研究』三五-二、一九七六初出。『秦漢帝国史研究』所収)
「前漢後半期の古制・故事をめぐる政治展開」(『別府大学大学院紀要』三、二〇〇一初出。『前漢政治史研究』所収)
劉慶柱・李毓芳著・来村多加史訳『前漢皇帝陵の研究』(学生社、一九九一)
労　榦「論漢代的内朝与外朝」(『労榦学術論文集甲編 上』芸文印書館、一九七六所収)
鷲尾　祐子「前漢祖宗廟制度の研究」(『立命館文学』五七七、二〇〇二)
渡辺信一郎『中国古代社会論』(青木書店、一九八六)
『中国古代国家の思想構造―専制国家とイデオロギー』(校倉書房、一九九四)
「古代中国における小農民経営の形成―古代国家形成論の前進のために」(『歴史評論』三四四、一九七八初出。『中国古代社会論』所収)
「〝仁孝〟―あるいは二-七世紀中国における一イデオロギー形態と国家」『史林』六一-二、一九七八初出。「仁孝―六朝隋唐期の社会救済論と国家」として『中国古代国家の思想構造』所収)
渡邉　義浩『後漢国家の支配と儒教』(雄山閣出版、一九九六)
『後漢における「儒教國家」の成立』(汲古書院、二〇〇九)
渡部　武「秦漢時代の讁戍と讁民について」(『東洋史研究』三六-四、一九七八)

研究者索引

※編者や論集の標題に含まれる場合は割愛した。

簡牘史料索引

※本書で参照した簡牘史料のテキストは以下のとおり。
睡虎地秦墓竹簡整理小組『睡虎地秦墓竹簡』（文物出版社、一九九〇）
朱漢民・陳松長主編『嶽麓書院蔵秦簡〔参〕』（上海辞書出版社、二〇一三）
張家山二四七号漢墓竹簡整理小組編『張家山漢墓竹簡〔二四七號墓〕』（文物出版社、二〇〇一）
張家山二四七号漢墓竹簡整理小組編『張家山漢墓竹簡〔二四七號墓〕釋文修訂本』（文物出版社、二〇〇六）
武漢大学簡帛研究中心・荊州博物館・早稲田大学長江流域文化研究所 彭浩・陳偉・工藤元男主編『二年律令與奏讞書—張家山二四七號漢墓出土法律文獻釋讀』（上海古籍出版社、二〇〇七）
連雲港市博物館・東海縣博物館・中國社會科學院簡帛研究中心・中國文物研究所編『尹灣漢墓漢牘』中華書局、一九九七）
※引用の際の釈文・記号は基本的にテキストに従うが、写真版などにより改めた場合もある。
※（　）内は簡番号をあらわす。
※“*”は、その頁で史料引用あり。無印は言及のみ。

伝世史料索引

※“*”は、その頁で史料引用あり。無印は言及のみ。
※正史の（ ）内は巻数をあらわす。

略歴

福島大我（ふくしま・たいが）
1978年、大阪府生まれ。2012年、専修大学大学院文学研究科歴史学専攻博士後期課程単位取得退学。2015年、博士（歴史学）取得。
現在、神奈川県立高校非常勤講師
主要業績：「前漢後半期における皇帝制度と社会構造の変質」（『専修史学』42号、2007年）、「秦・前漢初期における国家と亡人」（東洋文庫中国古代地域史研究 編『張家山漢簡『二年律令』の研究』東洋文庫、2014年）、「増淵龍夫『歴史家の同時代史的考察について』」（書評、歴史学研究会 編『歴史学と、出会う：41人の読書経験から』（歴史学研究会／青木書店、2015年）、「張家山漢簡『二年律令』訳注（一）～（一四）」（専修大学『二年律令』研究会共訳注、『専修史学』35～48号、2003～2010年）、「『嶽麓書院藏秦簡（參）』訳注（一）」（専修大学『二年律令』研究会共訳注、『専修史学』59号、2015年）、「馬一虹「遣唐使井真成の入唐時期と唐での身分について」」（小笠原強共訳、『東アジア世界史研究センター年報』4号、2010年3月）

秦漢時代における皇帝と社会

2016年2月29日　第1版第1刷

著　者　福島　大我

発行者　笹岡　五郎

発行所　専修大学出版局
〒101-0051　東京都千代田区神田神保町3-10-3
（株）専大センチュリー内
電話 03-3263-4230（代）

印　刷
製　本　藤原印刷株式会社

ISBN 978-4-88125-303-8